S. FISCHER

Sophie Lewis

Die Familie abschaffen

Wie wir Care-Arbeit und Verwandtschaft neu erfinden

Aus dem Englischen
von Lucy Duggan

S. FISCHER

Aus Verantwortung für die Umwelt hat sich der S. Fischer Verlag zu einer nachhaltigen Buchproduktion verpflichtet. Der bewusste Umgang mit unseren Ressourcen, der Schutz unseres Klimas und der Natur gehören zu unseren obersten Unternehmenszielen.

Gemeinsam mit unseren Partnern und Lieferanten setzen wir uns für eine klimaneutrale Buchproduktion ein, die den Erwerb von Klimazertifikaten zur Kompensation des CO_2-Ausstoßes einschließt.

Weitere Informationen finden Sie unter: www.klimaneutralerverlag.de

FSC
www.fsc.org
MIX
Papier aus verantwortungsvollen Quellen
FSC® C014496

Deutsche Erstausgabe
Erschienen bei S. FISCHER

Die englische Originalausgabe erschien 2022 unter dem Titel
»Abolish the Family. A Manifesto for Care and Liberation« bei Verso.

Satz: Fotosatz Amann, Memmingen
Druck und Bindung: GGP Media GmbH, Pößneck
Printed in Germany
ISBN 978-3-10-397504-8

Ich, der Besen, widme dieses Buch
der Friedhof-Kommune West Philadelphia.

Inhalt

1 Aber ich liebe doch meine Familie!

> »Es gibt andere Möglichkeiten, einander als Verwandte zu benennen.«
> *Tiffany Lethabo King*[1]

Die Familie abschaffen? Wir könnten genauso gut die Schwerkraft oder Gott abschaffen. Also gut! Nun versuchen die Linken auch noch, uns unsere Oma wegzunehmen und Kinder zu beschlagnahmen, und das soll fortschrittlich sein? Geht's noch?!

Viele Menschen verspüren eine solche Reaktion, wenn sie zum ersten Mal davon hören, dass die Familie »abgeschafft« werden soll. Und das ist in Ordnung. Die brisante emotionale Aufladung dieses Slogans werde ich weder abstreiten noch vor ihr zurückschrecken. Um sicherzugehen: Mir geht es dabei ein Stück weit darum, die vielen möglichen *Entsetzen* auslösenden Missverständnisse aufzuklären und zu korrigieren, die allzu leicht über die Abschaffung der Familie entstehen können. Dazu gehört zum Beispiel die falsche Annahme, es ginge darum, Menschen gewaltsam voneinander zu trennen. Letztendlich möchte ich aber nicht leugnen, dass diese politische Forderung einer Abschaffung der Familie etwas »Beängstigendes« (psychologisch Anspruchsvolles) hat. Meiner

Meinung nach wohnt dieses Beängstigende jeder echten revolutionären Politik inne. Unsere Beklemmung ist eine reflexartige Reaktion auf die Vorahnung einer Abschaffung des *Selbst.*[2] Wir alle – auch diejenigen unter uns, die nichts besitzen, denen keine Pflege garantiert wird, für die der Imperialismus, das *Weiß*sein, das Cis-Hetero-Patriarchat und die Klassenunterschiede eine besondere Gefahr darstellen –, wir alle werden im Zuge unserer kollektiven Befreiung *irgendetwas* aufgeben müssen. Wenn die Welt von Grund auf erneuert werden soll, dann sollte der Mensch dazu ebenfalls bereit sein. Das spüren wir. In dieser Zeit ist es schwer oder vielleicht sogar unmöglich, sich vorzustellen, *nicht* vom privaten Haushalt der Kleinfamilie und der ödipalen Familiengeschichte (Mutterfigur, Vaterfigur, Kind) produziert zu werden. Dass die Menschen aber nicht immer so hervorgebracht wurden, bedeutet, dass es auch *anders* ginge, wenn wir nur wollten. Fürs Erste solltest du wissen: Falls deine automatische Reaktion auf die Worte »Die Familie abschaffen« die Antwort »Aber ich liebe doch meine Familie« ist, hast du ganz viel Glück gehabt. Und das gönne ich dir. Aber meinst du nicht, dass wir alle so viel Glück haben sollten?

Die Menschen in der eigenen Familie zu lieben, steht wohlgemerkt nicht im Widerspruch zum Engagement für die Abschaffung der Familie. Ganz im Gegenteil. Ich wage eine Definition der Liebe: Einen Menschen zu lieben bedeutet, sowohl für die Autonomie dieses Menschen zu kämpfen als auch dafür, dass er oder sie mit Fürsorge überhäuft wird – insofern Letzteres überhaupt möglich ist in einer Welt, die vom Kapital erstickt wird. Wenn man dem folgt, ist die Beschränkung der Anzahl der Mütter (egal welchen Geschlechts), die einem Kind zur Verfügung stehen, einzig und allein aufgrund des Konzepts »echter Mutterschaft«, nicht unbedingt eine Form der Liebe, die diesen Namen verdient hat. Wenn du in einer Kleinfamilie aufgewachsen bist, hast du es vielleicht im Stillen bemerkt, als du sehr jung warst: Wer auch immer in deinem Haushalt die Mutterrolle übernommen hat, bekam eine besonders einschränkende Funktion zugeteilt. Du hast ihre Einsamkeit gespürt. Dich überkam ein Anflug solidarischen Mitgefühls. Meiner Erfahrung nach sind es gerade Kinder, die es besser als die meisten anderen verstehen: Wenn wir jemanden lieben, macht es einfach keinen Sinn, eine soziale Technologie zu unterstützen, die diese Person isoliert, ihre Lebenswelt privatisiert, ihren Wohnort, ihre Klasse und sogar ihre Identität willkürlich durch Gesetze definiert und ihre Sphäre intimer Abhängigkeitsbeziehungen drastisch eingrenzt. Aber ich greife voraus.

Die meisten Familien-Abolitionist:innen lieben ihre Familien. Natürlich engagieren sich gewöhnlich diejenigen für den Sturz eines sozialen Systems, die schlechte Erfahrungen mit ihm gemacht haben und dieses System gerade *nicht* lieben. Doch trotz einer »schwierigen Kindheit« Liebe für die eigene Familie zu empfinden, ist für die potenzielle Familien-Abolitionistin ziemlich typisch. Sie mag zum Beispiel intuitiv spüren, dass sie und ihre Familienmitglieder einander einfach nicht *guttun*, und sie dabei trotzdem lieben und ihnen alles Gute wünschen – wohl wissend, dass es auf dieser Welt *wenige* oder *keine* Alternativen gibt, wenn es darum geht, die Zuwendung aufzubringen, die alle Personen so sehr brauchen. Ehrlich gesagt, kann die Liebe zur eigenen Familie für *jede:n* zum Problem werden. Sie kann einer Überlebenden häuslicher Gewalt beim Versuch zu entkommen zusätzliche Fesseln um die Fußgelenke schließen (zumal der Kapitalismus diejenigen, die kommodifizierten Wohnverhältnissen entfliehen wollen, wirtschaftlich bestraft). Sie kann ein trans Kind oder ein Kind mit Behinderung davon abhalten, medizinische Dienste in Anspruch zu nehmen. Sie kann Menschen davon abbringen, eine Schwangerschaft abzubrechen.

Kaum jemand würde dieser Tage bestreiten, dass reproduktive Rechte – geschweige denn reproduktive Gerechtigkeit – bestimmten Bevölkerungsgruppen fortwährend verweigert werden. Austeritätspolitik sorgt absichtlich dafür, dass es sich das Proletariat nicht leisten kann, Kinder zu kriegen, selbst wenn zwei oder drei oder vier Erwachsene zusammenarbeiten. Hausarbeit wird geschlechtsspezifisch definiert, rassifiziert und (außerhalb der Haushalte der Reichen) nicht bezahlt. Unter diesen globalen Bedingungen überrascht es nicht, dass zahlreiche Menschen ihre Familien nicht lieben oder nicht lieben *können*. Die Gründe reichen von einfacher Unverträglichkeit, verschiedenen Phobien, Ableismus oder sexueller Gewalt bis zu Vernachlässigung.

Ich verrate dir ein Geheimnis: Leute werden schrecklich wütend, wenn du ihnen nahelegst, dass sie etwas Besseres verdient hätten, als sie in ihrer Kindheit bekommen haben. Mir ist aufgefallen, dass viele Menschen mit besonderer Vehemenz mit »Aber ich liebe doch meine Familie« reagieren, direkt nachdem sie mir in einem langen Gespräch offen erzählt haben, welche Belastungen, Tragödien, Erpressungen und verzweifelte Sehnsucht nach Fürsorge Teil ihrer »biologischen« Erziehung waren. Wie ich bemerkt habe, wird der wütende Widerstand gegen die Vorstellung, dass *alles anders sein könnte*, wenige Momente nach dem Wunsch geäußert, dass unsere Verwandten weniger allein gewesen wären, von der Pflegeverantwortung weniger belastet und weniger gefangen. Jene Leute sind doch eine ganz andere Angelegenheit, scheint dieser defensive Reflex zu sagen: Ich selbst brauche keine Abschaffung der Familie! Nein, danke! Klar mag die Familie eine disziplinierende knappheitsbasierte Trauma-Maschine sein, aber sie ist MEINE disziplinierende knappheitsbasierte Trauma-Maschine.

Hör zu. Ich verstehe das schon. Du machst dir nicht einfach nur Sorgen, dass dein Vater die Fassung verliert, wenn er dich mit diesem Buch sieht. Dir geht es um die existenzielle Angst einflößende Vorstellung, unsere geordnete Armut zugunsten eines Reichtums aufzugeben, den wir noch nie gekannt haben und erst strukturieren müssen.

Was ist die Familie? Die Vorstellung, dass sie ein exklusiver Ort ist, an dem Menschen geborgen sind, von dem Menschen herkommen, an dem Menschen gemacht werden und zu dem Menschen gehören, sitzt so tief, dass wir sie nicht einmal mehr als Vorstellung wahrnehmen. Versuchen wir also, sie zu entwirren.

Die Familie ist der Grund für das Gefühl, zur Arbeit gehen zu wollen, der Grund, warum wir zur Arbeit gehen müssen, und der Grund, warum wir zur Arbeit gehen können. Im Kern ist sie unsere Bezeichnung für die Tatsache, dass Pflegearbeit in unserer Gesellschaft privatisiert ist. Und weil »Familie« ein Synonym für Pflegearbeit zu sein scheint, ist sie für pflichtbewusste Bürger:innen die Raison d'Être schlechthin: Ein vermeintlich nichtindividualistisches Credo und ein selbstloses Prinzip, dem man sich freiwillig verpflichtet, ohne darüber nachzudenken. Und welche Alternative könnte es überhaupt geben? Die ökonomische Annahme, hinter jedem »Brotverdiener« müsse es irgendeine Art Ehefrau geben, eine Person oder mehrere, derentwillen es sich lohne, ausgebeutet zu werden (also eine Person, die wahrscheinlich auch Brotverdiener:in ist, die das verdiente Brot »freiwillig« schmiert oder jemanden anderen dafür bezahlt, die die Krümel wegwischt und die Reste einfriert, so dass morgen mehr Brot verdient werden kann): Diese Vorstellung klingt für viele wie eine Beschreibung der »menschlichen Natur«.

Wer oder was übernimmt die Verantwortung für das Leben der nicht Erwerbstätigen, für die Kranken, die Jungen und die Senior:innen, wenn es keine Familie gibt? Das ist ein schlechter Einwand. Selbst in Anbetracht der Tatsache, dass die möglichen Lebensräume von nichtmenschlichen Tieren immer weiter schrumpfen und sie sich an die missbräuchliche Pflege im Zoo gewöhnt haben, zögern wir nicht zu sagen, dass es ihnen außerhalb des Zoos besser geht. Ähnlich verhält es sich mit der Abkehr von der Familie: Nein, der Übergang wird nicht einfach sein. Aber die Familie bietet keine gute Pflege, und wir alle haben etwas Besseres verdient. Die Familie steht den Alternativen im Wege.

»Was ist die Alternative?« Diese schwindelerregende Frage kommt zum Teil auf, weil es zumindest in der Theorie nicht nur die Arbeiter:innen (und ihre Arbeit) sind, die die Familie jeden Tag gebärt. Die Familie ist gleichzeitig auch die gesetzliche Absicherung, dass ein Baby, ein neugeborener Mensch, ein Werk der familiären romantischen Dyade ist. Dieser Akt der Autor:innenschaft gewährt den Autor:innen Eigentumsrechte an »ihren« Nachkommen – *Elternschaft*. Er bürdet ihnen aber auch quasi exklusive Verantwortlichkeit für das Leben des Kindes auf. Die nahezu komplette Abhängigkeit des jungen Menschen von diesen Erziehungsberechtigten wird nicht als das grausame Glücksspiel dargestellt, das es wahrheitsgemäß ist, sondern als »natürlich«, ohne Bedarf nach sozialer Milderung, ja sogar als ein *schönes Erlebnis* für alle Beteiligten. Es wird davon ausgegangen, dass Kinder davon profitieren, nur zwei Eltern und im besten Fall ein paar weitere »sekundäre« Bezugspersonen zu haben. Es wird angenommen, dass Eltern angesichts der Romantik dieser isolierten Intensität nichts als Freude empfinden. Trotz ständiger Hinweise auf die höllische Welt vollkommener Erschöpfung, die Eltern bewohnen, wird ihre Lage bis zum Äußersten sentimentalisiert: Es gilt geradezu als Tabu, Elternschaft zu bereuen. Viel zu selten wird sie als absurd ungerechte Arbeitsverteilung oder als despotische Verteilung der Verantwortung für jüngere Menschen und der Macht über sie erkannt. Eine Verteilung, die verändert werden könnte.

Wie ein Mikrokosmos des Nationalstaats brütet die Familie Chauvinismus und Konkurrenzdenken aus. Wie eine Fabrik mit einer Milliarde Zweigstellen stellt sie »Individuen« her, die eine kulturelle und ethnische Identität haben, eine binäre Geschlechtsidentität, eine Klassenzugehörigkeit und ein *racial consciousness*. Wie eine unendlich erneuerbare Energiequelle leistet sie unbezahlte Arbeit für den Markt. Wie ein »organisches Element historischen Fortschritts«, so schreibt Anne McClintock in *Imperial Leather*, nutzte sie dem Imperialismus als Bild der *Hierarchie-in-der-Einheit*, das »unentbehrlich« wurde, um »Ausschluss und Hierarchie« im Allgemeinen zu legitimieren.[3] Aus all diesen Gründen fungiert die Familie als Grundeinheit des Kapitalismus oder wie Mario Mieli schreibt, als »Zelle des sozialen Gewebes«.[4] Wie ich anderswo ausgeführt habe, mag es einfacher sein, sich das Ende des Kapitalismus vorzustellen, als das Ende der Familie. Trotzdem generieren alltägliche utopische Experimente Fäden eines völlig anderen sozialen Gewebes: Mikrokulturen, die wachsen könnten, wenn die Bewegung für eine klassenlose Gesellschaft die Prämisse ernst nehmen würde, dass Haushalte sich frei formen und demokratisch organisiert werden können; das Prinzip, dass keinem Menschen Nahrung, Unterkunft oder Pflege vorenthalten werden dürfen, nur weil er oder sie nicht arbeitet.

Familienwerte sind bürgerliche Ökonomie im Kleinen. Wie Melinda Cooper zeigt, haben Neoliberale und Neokonservative ab den späten siebziger Jahren im Zeichen der Familie die Sozialhilfe nach den Prinzipien des elisabethanischen »Armenrechts« im Grunde neu erfunden: Für die Armen wurden statt der Gesellschaft die Verwandten verantwortlich gemacht. Auch in der ursprünglichen Gesetzgebung von vor vierhundert Jahren wurden Konzepte wie »Marktfreiheit«, »Das liberale Individuum« und Schulden langsam auf den Sockeln von Verwandtschaftsverpflichtungen und Familienbanden errichtet. Kurz gesagt: Ohne Familie kein bürgerlicher Staat. Die Familie hat die Funktion, die Sozialhilfe zu ersetzen und für Schuldner:innen zu bürgen. Als Wahl, Werk und Wunsch der Individuen getarnt, ist sie eine Methode, die Reproduktion der Arbeitskraft der Nation zum billigen Preis zu organisieren und die Rückzahlung von Schulden zu sichern.

Aber Moment mal! Die Familie ist doch in Gefahr! – So

heißt es zumindest immer wieder. *Die jungen Menschen heutzutage, die wollen keine Kinder bekommen, die kümmern sich nicht um ihre Verwandten, die wohnen zu Hause, die rufen nicht zu Hause an, die streben gar nicht nach einem Eigenheim, die wollen nicht heiraten, die stellen die Familie nicht an erste Stelle und die gründen auch gar keine Familie.* Stell dir das einmal vor! Die Familie war schon immer vom Aussterben bedroht. Wie Cooper im ersten Satz von *Family Values: Between Neoliberalism and the New Social Conservatism* schreibt: »Die Geschichte der Familie ist eine Geschichte der ständigen Krise.«[5] Drohender Zerfall ist ein wesentlicher Bestandteil der Sache. Wenn man sich aber umsieht, wird schnell klar, dass die Berichte über den Tod der Familie stark übertrieben haben. Für die liberaldemokratische Politik ist es genauso undenkbar wie immer, die Familie anzugreifen. Nirgendwo im parteipolitischen Spektrum finden sich Vorschläge, die Familie zu entthronen, ihren Untergang zu beschleunigen oder auch nur ihre Zentralität in der Politik zu hinterfragen.

Familienwerte und Politik werden schon seit langem synonym gebraucht. Margaret Thatcher, die »Milchdiebin« der achtziger Jahre, hat (leider) mit ihrem Spruch »So etwas wie die Gesellschaft gibt es nicht, es gibt einzelne Männer und Frauen, und es gibt Familien« weniger einen Streit gegen Familiengegner:innen gewonnen, als vielmehr eine kapitalistische Realität explizit gemacht. Das, was unter den Begriff »sozial« falle, sei nicht nur rentabilitätsfeindlich, sondern auch familienfeindlich, so ihre Schlussfolgerung. Die Familie – das heißt der Familienbetrieb oder das Familien-Startkapital – ist die große antisoziale Institution. Und tatsächlich kann es sich in einer Landschaft, die von thatcheristischer antisolidarischer Politik verwüstet worden ist, so anfühlen, als gäbe es *nur Familien* oder ethnisch definierte Gruppen (Makrofamilien), die miteinander auf Kriegsfuß oder im besten Fall in Konkurrenz stehen.[6] Steuern, Sozialhilfe, Testamente, Urkunden, Lehrpläne, Gerichte und Renten sind überall als Technologien der Familie am Werk. Sogar auf architektonischer Ebene wird ein:e Fremde:r zu Besuch in einem solchen Land mit einem endlosen Meer aus Haustüren konfrontiert, die jeweils fein säuberlich mit einer Hypothek sowie mit einem (tatsächlichen oder impliziten) Schild – »Privatgrundstück« – versehen sind. Hinter jeder Tür verbirgt sich eine Mikrosammlung individueller, selbstverwaltender Konsument:innen-Unternehmer:innen. Die meisten öffentlichen Bereiche und Gemeinschaftsräume sind nicht nur für die kommerzielle Freizeit bestimmt, sondern bewusst dafür konzipiert, Pärchen oder Kleinfamilien anzusprechen.

Trotzdem: Auch wenn die Familie als Form der Herrschaft eine brutale wirtschaftliche Tatsache ist, bleibt die Familie *als gelebte Erfahrung* eher eine Erfindung. Nicht sehr viele Menschen leben wirklich in einer Familie – und / aber das ist egal. Millionen von uns leben mit anderen in improvisierten, seltsamen, kreativen, institutionellen, gezwungenen oder zum Teil gemeinschaftlichen Formen; weitere Millionen und Abermillionen leben völlig allein. Diese Tatsache macht aber keinen Unterschied, weil die Familie zwar als Wahl und als Option dargestellt wird, aber alle, die außerhalb von ihr leben, der sozialen Unlesbarkeit überlassen werden. Wir alle werden von der Familie verführt oder zumindest diszipliniert. Wir können ihr nicht entkommen, auch wenn wir sie persönlich ablehnen. Und selbst wenn wir sie ablehnen, machen wir uns Sorgen, dass ihr vielbeschworener Zerfall etwas Schlimmeres ankündigt.

So verlieren alle. In jeder Hinsicht, mit Ausnahme der Kapitalakkumulation, bleibt das Versprechen von Familie erbärmlich weit hinter den Erwartungen zurück. Daran trägt per se oft niemand »Schuld«: Es wird einfach zu viel von zu wenigen verlangt. Andererseits finden gerade in der Familie die meisten Vergewaltigungen und die meisten Morde statt. Niemand wird dich mit höherer Wahrscheinlichkeit ausrauben, drangsalieren, erpressen, manipulieren, schlagen oder ungewollt anfassen als die Familie. Folgerichtig sollte die Ankündigung, jemanden »wie Familie« zu behandeln (die viele Fluggesellschaften, Restaurants, Banken, Läden und Arbeitsplätze verbreiten) als Drohung verstanden werden. Von jemandem metaphorisch als »Familie« gesehen zu werden, zeichnet das Bild einer Beziehung, die eigentlich ziemlich … *un-familiär* ist: das Bild einer Beziehung, die Anerkennung, Solidarität, ein offenes Versprechen von Hilfe, Freundlichkeit und Fürsorge hochhält.

Natürlich organisiert das administrative System der Familie die (gesetzlich geregelte) Beschaffung von bestimmten Hilfsformen. Das hat allerdings nichts mit Solidarität zu tun. Die Familie – die auf der Privatisierung der Dinge beruht, die Gemeinschaftseigentum sein sollten, sowie auf den besitzergreifenden Konzepten Paar, Blut, Gen und Samen – ist eine staatliche Institution und kein populärer Organismus. Sie ist zugleich eine normative Bestrebung und ein letztes Mittel: Eine Erpressung, die sich als Schicksal ausgibt, ein beschissener Vertrag, der so tut, als sei er eine biologische Notwendigkeit. Denk daran, dass es (im Fernsehen oder in deinem eigenen Leben) oft ein grausamer und repressiver Schachzug ist, an Familienbande und -verpflichtungen zu *erinnern*. Denk daran, wie Loyalität und Liebe gegenüber der »Familie« in Mafia-Filmen durch Strafen erzwungen werden, die schlimmer sind als der Tod – und das scheint nur eine gangsterhafte Übertreibung der allgemeinen, bürgerlichen Logik der Familie zu sein. Denk an die britische königliche Familie und die tödlichen Mechanismen der Eugenik, der Lieblosigkeit und der Verherrlichung des Eigentums, die ihre internen Angelegenheiten steuern, während sie gleichzeitig als weltweiter Prototyp der Familie hochgehalten und für ein internationales Publikum in der aktuellen Netflix-Serie *The Crown* exotisiert (wenn auch kritisiert) wird. Denk an Ehrenmorde, Femizide und den Tod von Kindern wie dem sechsjährigen Briten Arthur Labinjo-Hughes, dessen Mörder sich, wie Richard Seymour schreibt, »für seine Opfer hielten«.[7]

Wie kann es trotz allem sein, dass die Familie immer noch als Standard für alle anderen möglichen Beziehungen gilt? Ich weiß es nicht. Vielleicht, um wieder Seymour zu zitieren, weil die Familie, »auch wenn sie dieses Versprechen nicht zwangsläufig erfüllt, das Herz in einer herzlosen Welt sein kann«.[8] Ich vermute, dass die Religion der Familie sich um die glühende Hoffnung dreht, dass diese Vorstellung *irgendwann* wahr wird. Wir greifen nach der Möglichkeit einer garantierten Zugehörigkeit, nach Vertrauen, Anerkennung und Erfüllung. Der Traum der Familie ist unser Traum von einem Zufluchtsort – das genaue Gegenteil von Hunger oder Zwangsjacken. Idiomatisch will die Formel »wie Familie« mit allem Nachdruck vermitteln: »Wir gehören zueinander, ich liebe dich. Für mich sind unsere Schicksale miteinander verbunden.« Wir haben keine stärkere Metapher! Warum aber gerade *diese* benutzen?

Bekannterweise eröffnete Leo Tolstoi den Roman *Anna Karenina* mit einer Formel, die sich wie eine große Wahrheit anhört: »Alle glücklichen Familien gleichen einander, jede unglückliche Familie ist auf ihre eigene Weise unglücklich.« Das klingt gut, räumt Ursula K. Le Guin ein: »Ein toller erster Satz.«[9] So viele Familien sind zutiefst unglücklich! Und dieses tiefe Unglück fühlt sich einmalig an, weil sein struktureller Charakter – wie auch die Struktur des Kapitalismus – kunstvoll verschleiert wird.

Laut Le Guin kommt das Gegenteil von Tolstois Maxime der Wahrheit letztlich näher. Sie weiß, wovon sie redet. Le Guin wuchs selbst »in einer Familie [auf], die im Großen und Ganzen glücklicher gewesen zu sein scheint als die meisten anderen«. Sie hält es für »falsch – eine unerträgliche Herabsetzung der Realität –, sie lediglich als glücklich zu bezeichnen«. Für sie zeugt die bloße Phrase »glückliche Familien« von einem grundlegenden Desinteresse am Wesen des Glücks, das – besonders im Kapitalismus – enorme Kosten mit sich bringt. Diejenigen, die diese Phrase unbekümmert verwenden, vergessen »den ganzen Unterbau aus Aufopferung, Unterdrückung, Verdrängung, Wahlen, die getroffen oder aufgegeben wurden, Chancen, die genutzt oder vertan wurden, Abwägen vom größeren und kleineren Übel«, auf dem das Familienglück beruht. Sie ignorieren »die Tränen, die Ängste, die Migränen, die Ungerechtigkeiten, die Zensur, die Streitereien, die Lügen, die Grausamkeiten«. Ja, Familien können glücklich sein, beteuert Le Guin mit unbewegter Miene,

»relativ lange – eine Woche, einen Monat, noch länger«, und nur ganz vielleicht meint sie das als Scherz. Aber die glücklichen Familien, die Tolstoi »so selbstbewusst beschwört, um sie alle als völlig gleich abzustempeln? Wo sind sie?« Was, wenn *unglückliche* Familien alle gleich sind, strukturell gesehen, weil *die* Familie an sich eine elende Art und Weise ist, Pflegearbeit zu organisieren – und glückliche Familien die wundersamen Ausnahmen sind?

Als Kind spielte ich mit meiner alles andere als glücklichen Kernfamilie ein Quartettspiel, das »Happy Families« hieß. Die Karten wurden im Jahre 1851 illustriert. Jeder Kartensatz trägt einen Namen wie Messer, Brötchen, Mörtel oder Stich und hat vier Bestandteile: einen Hausherren, der seinem Handwerk als Metzger, Bäcker, Maurer oder Schneider nachgeht, eine Ehefrau, die ihm dabei hilft, und zwei Kinder, die die beiden binären Geschlechtsoptionen abbilden – Junge und Mädchen. *Papa: Darf ich den jungen Herren Schnürsenkel haben, den Sohn des Schusters?*, fragte ich. Ich nannte eine Karte, die ich wollte und die ich im Blatt eines bestimmten Gegners vermutete. Wenn ich es richtig erraten hatte, durfte ich die Karte mit dem grotesken Porträt des jungen Herren Schnürsenkel nehmen und nach einer anderen fragen und dann nach noch einer: *Danke! Und jetzt, Mama, darf ich die Frau Schmirgel haben, die Gemahlin des Schreiners? Besten Dank! Und könnte ich auch noch das Fräulein Knopf haben, die Tochter des Kurzwarenhändlers?* Es machte höllischen Spaß. Vor allem erinnere ich mich an die hämische Freude (oder: die drollige hilflose Bestürzung), die das Spiel bringt. Bis ich einen Fehler machte und die Kontrolle abtreten musste, schwebte ich auf einer Welle des Erfolgs: Gebieterisch beraubte ich alle ihrer Karten in einem triumphalen Prozess der Familienzusammenführung. *Tada! Jetzt ist die Familie Messer komplett.* Vermutlich ist es ihr Zusammensein, das sie »happy« macht. Könnte das auch für uns funktionieren? Was Generationen und Geschlecht angeht, stellten wir, die Spieler:innen, genau dasselbe Quartett dar – Mama, Papa, Ben und ich.

Die Haltung von »Happy Families« ist erfrischend spöttisch. Alle abgebildeten Individuen treten als dumme, fiese, erbärmliche, lächerliche, eitle Figuren auf. Gleichzeitig erzeugt das Spiel eine mächtige Phantasie: Alle Menschen befinden sich an ihrem kosmisch vorbestimmten Ort in einem perfekt symmetrischen, genealogischen Gitter. Der Bäcker zeugt kleine Bäckerchen, die aufwachsen und selbstverständlich Bäckersfrauen heiraten, damit wiederum neue Bäcker geboren werden. Jeder Mensch erbt eine wirtschaftliche Berufung – das natürliche Geschäft der Familie –, die anscheinend mit den anderen nützlichen Handwerksberufen in der breiteren Ökologie der Happy-Families-Gesellschaft perfekt harmoniert. Nicht nur Herr Brötchen, sondern seine ganze Familie hat Mehl auf den glücklichen Händen. In der Familie Schlot sind alle rußig. Und offensichtlich ist dem Fräulein Schlot mit ihrem Staubtuch nie etwas anderes eingefallen, als Tochter des Schornsteinfegers zu sein (außer, dass sie eines Tages ohne Zweifel die Frau eines anderen Schornsteinfegers sein wird). Die Verschmelzung des Individuums mit der Familie ist, genau wie die Verschmelzung der Familie mit dem Familien*geschäft*, absolut. Bürger:innen, die nicht *arbeiten*, sind im Schema dieses berühmten Kartenspiels undenkbar. »Das ist die Phantasie einer Ökonomie«, so Michèle Barrett und Mary McIntosh in den achtziger Jahren über die Familienideologie, »in der das Handeln der selbstsüchtigen ›Wirtschaftsmänner‹ mit Hilfe der ›unsichtbaren Hand‹ des Marktmechanismus auf ein optimales Muster von Produktion und Konsum hinausläuft«.[10]

Und siehe da: Jahrzehnte später veröffentlicht die Bestsellerautorin und Wirtschaftswissenschaftlerin Emily Oster das Buch *The Family Firm* (2021), ein »datengesteuertes« Handbuch für »eine Familie, die wie ein Unternehmen organisiert ist«. Osters Buch evaluiert ohne jegliche Ironie die Dynamik der »Personalabteilung« im privaten bürgerlichen Haushalt und gibt den zukünftigen wettbewerbsfähigen Akteur:innen einen praktischen »Management-Handwerkskoffer« an die Hand, um in der schnelllebigen Landschaft der heutigen Erziehungsentscheidungen optimal agieren zu können. »Wie viel zusätzliches Glück bekommen Sie für mehr Geld?«, sollten wir uns laut Oster während einer Budgetsitzung fragen. »Es lohnt sich, nicht nur die *Geldsumme* in Betracht zu ziehen, sondern auch den *Grenznutzen* dieser Geldsumme.«[11] Eltern mögen sich dafür entscheiden, dass das Glück darin liegt, weniger zu arbeiten und mehr Zeit mit ihren Kindern zu verbringen. Die logische Grundlage für diese Entscheidung lässt sich laut Osters Schema aber trotzdem auf Produktivität zurückführen: »Ich schätze die Momente mit meinen Kindern«, versichert sie, »zum einen, weil ich so Zeit mit ihnen verbringen kann, und zum anderen ehrlich gesagt auch, weil niemand sonst streng genug ist, um sie beim Geige Üben zu beaufsichtigen.«

Die Familie ist eine Ideologie der Arbeit. Wie Oster schamlos ausführt, hat sie im frühen 21. Jahrhundert ein neues

Credo bekommen: Die Optimierung einer Bevölkerung hochverdienender flexibler Unternehmer:innen (durch Geige spielen und andere Varianten des sogenannten menschlichen Kapitaleinsatzes). Früher wurden von der Familie produzierte Arbeiter:innen eher wie die Zunft-Figürchen imaginiert, die wir auf den Happy-Families-Spielkarten gesehen haben: Herr Schmirgel oder Herr Knopf (ein kleinbürgerlicher Verdiener) und seine hart arbeitenden, jedoch unbezahlten Frau und Kinder. Seit die europäische Arbeiter:innenbewegung in den neunziger Jahren des 18. Jahrhunderts Haushalte mit männlichem Brotverdiener für sich gewonnen hat, haben Sozialist:innen in der Tat an der romantischen Idee eines proletarischen »Ernährers« festgehalten, dessen abhängige Nestlinge (Großvater, Großmutter, Frau, Bälge, ledige Schwägerin) sich alle gern mit seinem Beruf identifizieren.[12] Heute wird sich der Herr Kellnerin im Gegensatz dazu wahrscheinlich mindestens zweimal umschulen lassen – er wird Herr Tech-Support, Herr Krankenpfleger, Herr Uber Eats und so weiter, manchmal alles auf einmal. In den sogenannten fortgeschrittenen oder überentwickelten Volkswirtschaften, die Wissenschaftler:innen gern »feminisiert« nennen (wegen des großen Anteils der Arbeiterinnen, aber auch wegen der »gendertypischen« Ausrichtung der entscheidenden Profitbereiche wie Dienstleistungen, Gastgewerbe, Support, EDV, personenbezogene Berufe), muss fast jede:r versuchen, »männlicher Brotverdiener« zu sein. Aus diesem prekären Blickwinkel hat die fehlende Unsicherheit des fiktiven Fräulein Schlot bezüglich ihrer Identität etwas Attraktives oder sogar Pseudoutopisches. Eine »arbeitende Familie« zu sein, ein kosmisch bestimmtes Handwerksteam, ist eine zutiefst verführerische Vorstellung. Sie beschwört Sicherheit, Harmonie und »richtige Reproduktion«. Kein Wunder, dass Konsument:innen, Wähler:innen und »Expert:innen« die Vorstellung eines kleinen »Familienunternehmens« (oder im amerikanischen Kontext: die Vorstellung des »mom'n'pop shop«) lieben, trotz klarer Beweise, dass die Löhne, Sozialleistungen und Arbeitsbedingungen in solchen Unternehmen nicht besser sind, sondern schlechter.

Auch wenn Emily Oster in dieser Hinsicht vielleicht eine Ausnahme sein mag, habe ich insgesamt den Eindruck, dass es kapitalistische Gesellschaften im Großen und Ganzen nicht geschafft haben, die von ihnen erfundenen Familienwerte (sprich *Arbeits*werte) konsequent voranzubringen. Inzwischen wissen eigentlich alle, dass nicht jede:r die Familie als Zustand höchster Glückseligkeit erlebt (gelinde gesagt) und dass nicht jede:r seine Arbeit liebt (gelinde gesagt). Einige von uns haben das schon immer gewusst. Na klar: Es gibt zahlreiche eindeutige, humorlose, quasi-faschistische Lobeshymnen auf den heteronormativen heimischen Herd und den ehrgeizigen Fleiß, den er anfeuert. Sie reichen von der sentimentalischen viktorianischen Literatur über den patriotischen Hollywood-Thriller bis hin zu christlich-nationalistischen Wahlprogrammen. Allerdings handelt ein überwältigend großer Teil genauso verbreiteter Kunst und Literatur vom »Unbehagen« in der Familienideologie. Mit anderen Worten: Anti-Familien-Politik ist nicht undenkbar – sie ist überall! Kunst und Literatur, die sich mit dem Familienleben befassen, sind üblicherweise zumindest satirisch; oft zeichnen sie ein geradezu düsteres Bild. Denken wir an *King Lear, Tristram Shandy, Jane Eyre, Middlemarch, Madame Bovary,*

Beloved, Twin Peaks, The Sopranos, Game of Thrones, Breaking Bad, The Simpsons oder Alison Bechdels *Fun Home*, um nur ein paar bekannte Beispiele zu nennen, die mir sofort in den Sinn kommen. In der realistischen und in der Tradition des Schauerromans ist die Familie ein Ort der gähnenden Langeweile, der schmerzenden Leere, des ungeheilten Traumas, der unsäglichen Geheimnisse, der begrabenen Verletzungen, der ungerecht behandelten Gespenster, der gewetzten Messer, der Folterkammern und der Tapeten, die sich langsam ablösen. Trotzdem bestehen die Autor:innen von Klima-Romanen (»cli fi«) und ähnlichen Darstellungen von Ausnahmezuständen und Apokalypsen darauf, dass die Familie die Kernbeziehung ist, auf die wir uns verlassen *müssen*, wenn uns alles andere genommen wird.[13]

Es ist wichtig, darauf hinzuweisen, dass Satire allein Herrschaft nicht erschüttert. Wahrscheinlich spendet sie oft sogar eher den Trost der Identifikation, statt das Publikum dazu anzuspornen, weniger tolerant auf das zu reagieren, was es sieht. Trotzdem ist es wichtig, dass die Kunst die Moral der Arbeit immer wieder hinterfragt und den Nihilismus des Mottos »Familie an erster Stelle« kritisch beleuchtet. Es ist wichtig, dass es ein Leitmotiv im klassischen Roman, im Familienzeichentrickfilm, im Drama, in der Sitcom und in Memoiren ist, das Familienleben in all seiner Enttäuschung darzustellen und sich einzugestehen, dass es im besten Fall lästig, ungerecht und anstrengend und im schlimmsten erdrückend und traumatisch ist. Tatsächlich werden Familie und Zweierbeziehungen manchmal so subtil satirisch untergraben, dass wir es fast nicht bemerken. Solche Taktiken sind an und für sich kanonisch: Das Happy-End-»Skript« wird von Romanfiguren aufrichtig kritisiert, um sich dann trotzdem zu entfalten (zur freudigen Überraschung und verwirrten Verlegenheit der Protagonist:innen!) und den Handlungsstrang so zu einem zufriedenstellenden Abschluss zu bringen – ganz nach dem Motto »Vielleicht wird es diesmal doch anders«. In solchen Werken ist »Nieder mit der Liebe« nie das Ende der Geschichte. Oft ist es aber die Haltung, die unsere Held:innen am Anfang vertreten. Die Figuren in einem Sally-Rooney-Roman kennen sich und die Literatur gut genug, um all das zu wissen. Wenn eine halbwegs ernsthafte Antwort auf die Frage *Schöne Welt, wo bist du* letztlich lautet: *Im Schoß der traditionellen Familie, die du mit deiner Jugendliebe gründen willst*, besteht kein Zweifel: Der Roman macht sich über uns lustig![14] Trotzdem freuen sich Leser:innen zu erleben, wie sich politische und existenzielle Ängste auflösen, wenn Alice und Felix und Eileen und Simon aufhören, sich um den Kapitalismus zu scheren, und dem Wunsch nachgeben, zu heiraten.

Es gibt jenseits des bürgerlichen Romans auch andere Gattungen der Familienkritik, die aber nicht unbedingt hübsch sind. Ich denke an das Medium, das nur so wimmelt von mordenden Müttern, blutbespritzten Esszimmern, Inzestrache und Häusern, die in Flammen stehen: *Hereditary*, *The Shining*, *Society*, *Goodnight Mommy*, *Psycho*, *The Stepfather*, *Us*. Filmwissenschaftler:innen weisen schon lange auf ein latentes, aufrührerisches Verlangen hin, das in Horrorfilmen eine Rolle spielt. Dieses Verlangen ist besonders in den Filmen zu erkennen, die (oft von innen kommende) Angriffe auf die wohlhabende *weiße* Familie, das patriarchale Regime der Hausarbeit oder das koloniale Gehöft darstellen.[15] Bücher wie *Hearths of Darkness: The Family in the American Horror Film* argumentieren, dass Gewalt und Horror oft ein populäres Vehikel für ein weit verbreitetes Anti-Familien-Begehren sind.[16] Denk nur an die bedrohlichen häuslichen Innenräume, die feindlichen Küchengeräte, die unheimlichen Kinder, die mörderischen Verwandten und die beengenden Albtraumwelten deines Lieblingshorrorfilms. Im Kanon der verschiedenen Subgenres, ob Slasher, Home Invasion oder feministischer Horror, tut die Erzählung so, als würde sie sich in nationalistischem Interesse Sorgen über eine Bedrohung der Familie von außen machen. Tatsächlich schwelgt sie jedoch in allen denkbaren Phantasien, wie die Familie zerstückelt und von innen in Brand gesetzt werden könnte. Egal ob diese Horrorfilme eher blutrünstig oder »psychologisch« agieren – diverse Gattungen geben explizit zu verstehen, dass die Familienstruktur an den Qualen, denen sie ausgesetzt ist, mitschuldig ist. In diesen Filmen kehrt die verdrängte, verleugnete Gewalt des Familienheims wieder zurück. Das Monster kommt aus dem Inneren des Hauses.

Moment mal! Wen nenne ich hier *Monster* – Mamas und Papas und Großtante Gitti? Nein: Familien-Abolition ist keine »infantile« Politik, auch wenn Kinder eine Schlüsselrolle in der Neuerfindung der Familie spielen sollten. Die Familie abschaffen zu wollen, heißt nicht, einen Zustand des perfekten, ununterbrochenen, universellen Glücks zu erwarten. Stattdessen schlage ich vor, den Spieß umzudrehen und die Möglichkeit in Betracht zu ziehen, dass es gerade *die Familie* ist, die unrealistisch und utopisch ist. Im Moment soll die Familie jeden glücklich machen. Wir alle sollen Avatare unseres kleinen biologischen Teams sein und am Leistungssport der sozialen Reproduktion teilnehmen. Wenn wir auf die schiefe Bahn geraten, sind wir der Familie eine Bürde – eine Erfahrung, die uns im Idealfall läutert, indem sie uns gewaltsam daran erinnert, dass Familie alles ist, was wir haben. Als wäre das etwas Gutes! Auch wenn wir außergewöhnlich sind, sind wir aus demselben Holz geschnitzt wie unsere biogenetische Sippe; unsere Blutsverwandten dürfen stolz auf uns sein.

Der moderne Familismus ist nicht so weit von der Psychologie eines Fräulein Brötchen entfernt, wie wir vielleicht gern glauben würden. Es ist, als ob wir vergessen hätten, dass ihr Glück, genauso wie ihr *Name*, eine bewusste Fiktion ist. Um ein Fräulein Brötchen aus Fleisch und Blut *wirklich* glücklich zu machen, müssen wir akzeptieren, dass Menschen sich weder durch Arbeit noch durch Reproduktion verwirklichen. Wir müssen unsere wirklichen Namen herausfinden und zusammen gegen ein System kämpfen, das Schicksale mittels willkürlicher Daten auf Geburtsurkunden definiert. Es sollte als grundlegender Sozialismus gelten und nicht als irgendeine exzentrische Forderung queerer Ultra-Linken, eine Ordnung des Zusammenlebens und der Kollektivität beim Essen, in der Freizeit, bei der Alterspflege und beim Kindergroßziehen anzustreben. Ein Regime, in dem niemand mehr wie in einem makabren Quartettspiel »gewaltsam miteinander verbunden« ist, um M. E. O'Brien zu zitieren.[17]

Ich möchte wetten, dass du dir etwas Besseres vorstellen kannst als das Glücksspiel, das ein Neugeborenes willkürlich bei einem, zwei, drei oder vier Menschen (einer bestimmten Klasse) absetzt. Ohne dass es seine Zustimmung gegeben hätte, muss das Kind knapp zwei Jahrzehnte bei diesen Menschen bleiben, von denen sein physisches Überleben, seine legale Existenz und seine ökonomische Identität vollständig abhängen. Das Kind wird gezwungen, der Grund dafür zu sein, dass diese Menschen ihr Leben der Arbeit aufopfern. Ich bin mir sicher, dass du dir etwas Besseres vorstellen kannst als die Norm, die aus der Verpflichtung der Erwachsenen (und besonders der Frauen) gegenüber den Kindern, die sie lieben, ein Gefängnis baut. Gemeinsam können wir Erzählungen der menschlichen »Natur« entwickeln und Möglichkeiten entwerfen, soziale Reproduktion zu organisieren, die nicht bloß ökonomische Verträge mit dem Staat oder versteckte Ausbildungsprogramme für Arbeiter:innen sind. Gemeinsam können wir Lebensweisen etablieren, die ein konsensbasiertes Zusammenleben mehrerer Generationen sowie großangelegte Strategien vorsehen, die Bürden der Arbeit zu verteilen und auf ein Mindestmaß zu reduzieren.

Selbst dann bezweifle ich, dass wir *die Blaupause des Glücks* gefunden haben werden. Trotzdem beschäftigt mich Ursula K. Le Guins Frage immer noch: Jene glücklichen Familien, die Tolstoi so wenig interessierten, *wo sind sie*? Im Gegensatz zum modischen Zynismus und möchtegern-radikalen Realismus der kanonischen Literat:innen, die das Elend irgendwie für *wahrer* als das Glück hielten, betrachtet Le Guin das Glück als die seltenere, interessantere, dringendere und anspruchsvollere kollektive Kunstform. Vielleicht würde sie mir zustimmen, dass die Abschaffung der Familie solche Neugier über – und Sehnsucht nach – Glück befördern kann.

Diejenigen unter uns, denen die sogenannte reproduktive Arbeit auf dieser Erde zugeteilt wird, wissen besonders gut, dass das Glück eine unbeholfene Kunst ist, eine Sisyphus-

Anstrengung, eine vertrackte Choreographie, die per definitionem niemanden auslassen darf. Ohne Zweifel liegt eine Welt, in der die meisten Mitglieder der meisten Haushalte die meiste Zeit wirklich von Grund auf glücklich sind, größtenteils in der Zukunft. Sie ist Teil einer Geschichte, die noch nicht geschrieben wurde, und kommt mir vor wie der Horizont, auf den spekulative Fiktionen wie die von Le Guin zusteuern. Aber wie alle Utopien schlummert auch diese Welt bereits in der Gegenwart. Ihre dünnen Triebe wachsen in allen Ecken und Winkeln, in denen sich Menschen trotz geringer Aussichten bemühen, emanzipatorische und queere Modelle der Sorgearbeit – das heißt Modelle, die den heutigen Eigentumsbegriff bekämpfen – zu erfinden. (Das Wort »queer« hat seine kommunistischen Bedeutungen im gängigen Gebrauch weithin verloren, doch hier und da und auf jeden Fall im Herzen dieser Autorin ist es immer noch mit dem Wunsch nach Abolition verbunden, der einen Widerstand gegen die reproduktiven Institutionen des Kapitalismus zum Ausdruck bringt: gegen die Ehe, das Privateigentum, das Patriarchat, die Polizei, die Schule.) Die Menschen, die sich am besten um Kinder, ältere Verwandte und Partner:innen kümmern, versuchen also queererweise die *besitzergreifende Liebe*, die Alexandra Kollontai als Erweiterung des Eigentumsrechts analysierte, in ihren Beziehungen abzubauen.[18] Die Menschen, die sich als Mütter-Genoss:innen verhalten, versuchen schon jetzt, die Sorgearbeit zu entprivatisieren. So mag Michael Hardt im strengen Sinne recht haben, dass wahres Glück unter den derzeitigen Bedingungen gar nicht entstehen kann: »Erst wenn die Besitzliebe abgeschafft ist, können wir anfangen, eine neue Liebe, eine revolutionäre Liebe, eine rote Liebe zu erfinden.«[19] Trotzdem besteht kein Zweifel daran, dass viele von uns mit der Abschaffung schon angefangen haben.

Wie wir sehen werden, ist die Abschaffung der Familie ein sehr alter Gedanke. (Platon verfasste um 375 v. Chr. *Die Republik*. Charles Fourier entwickelte das Konzept des »Feminismus« und des »Phalanstère« vor zweihundert Jahren.) Es hat bestimmte Perioden gegeben, unter anderen die sechziger und siebziger Jahre, in denen die Familien-Abschaffung relativ vielen Menschen ein Begriff war. In Kapitel 3 werden wir uns mit der Geschichte der Forderung nach der Familien-Abschaffung auseinandersetzen, mit den französischen Utopist:innen des 19. Jahrhunderts, mit der »schändlichen Absicht« von Marx und Engels, mit ausgebremsten bolschewistischen Kommissar:innen wie Kollontai, mit revolutionären Feminist:innen wie Shulamith Firestone, mit Gay-Power- und Kinder-Emanzipationsaktivist:innen und in den sechziger Jahren, mit aufrührerischen Sozialhilfeempfänger:innen, mit queeren indigenen und Schwarzen Kämpfer:innen und mit trans Marxist:innen des 21. Jahrhunderts. Vor dieser kurzen Geschichte der Familien-Abschaffung werden wir in Kapitel 2 das Augenmerk auf die Vor- und Nachteile der Begriffe »Abolition« und »Abschaffung« richten, die manche in Vergleich zu möglichen Alternativen wie »Reform« oder »Erweiterung« unnötig provozierend finden. Was heißt »Abschaffung« in diesem Kontext überhaupt? Sollten sich Familiengegner:innen darum bemühen, zu erklären, dass es ihnen um die »*weiße*«, die »bürgerliche« oder die »Kern«-Familie geht – und nicht, Gott bewahre, um *dein* komplexes, finanziell prekäres, queeres und / oder aufgrund von Rassismus marginalisiertes Verwandtschaftsnetzwerk? Oder sollten wir darauf bestehen, dass es im strukturellen Sinne keine andere Familie als die *weiße*, bürgerliche Kernfamilie gibt? Um diese Frage zu beantworten, gehen wir den Unterschieden zwischen der *weißen* herrschenden Klasse und den Schwarzen proletarischen (beziehungsweise kolonisierten) Menschen in Bezug auf Familienbeziehungen nach. Wieso könnte es Sinn machen, »die Schwarze Familie« als Oxymoron zu bezeichnen? Wieso lehnen manche die Vorstellung ab, dass es für nicht*weiße* Gruppen und unterdrückte Klassen wünschenswert sein könnte, »die Familie abzuschaffen«? Ist es vereinbar, zur Familien-Abschaffung aufzurufen und gleichzeitig die Techniken und Traditionen gegenseitigen Überlebens in Ehren zu halten, die von kolonisierten und einst versklavten Menschen entwickelt wurden? Abschließend werde ich in Kapitel 4 überlegen, wie eine Bewegung der *echten Familien gegen die Familie* aussehen könnte, und dafür argumentieren, über diese Metapher hinauszugehen, die Verwandtschaft fallen zu lassen und Beziehungen weiter zu entwickeln, die wir Kamerad:innenschaft, Genoss:innenschaft oder Freundschaft nennen könnten. Vielleicht brauchen wir aber auch ein anderes Wort, das noch nicht erfunden wurde.

2 Welche Familie abschaffen?

> »Auch wenn unsere Familien eine etwas andere Gestalt angenommen haben als die der *weißen*, wurde die Sozialisierung, die für die Aufrechterhaltung des Staats nötig war, trotzdem umgesetzt.«
> *»The Black Woman as a Woman«,*
> *Kay Lindsey, 1970*

An dieser Stelle denkst du vielleicht: Okay, das ist ja alles schön und gut, aber ist der Begriff »abschaffen« in diesem Kontext nicht sehr provokant und toxisch? Führt er nicht sowieso unnötig in die Irre? Im Ernst, wir wollen mit den Familien doch nicht dasselbe machen wie mit den Gefängnissen, oder? Sicher nicht mit Schwarzen und braunen und indigenen und / oder queeren Arbeiterfamilien! Ist die Abschaffung der Familie (besonders ohne die Einschränkungen »*weiße*« oder »bürgerliche« Familie) nicht im Grunde ein phantastischer Luxus der relativ wohlhabenden *weißen* Sozialist:innen, der queeren Siedler:innen oder zumindest der atheistischen Feminist:innen? Wie könnten wir sonst auch nur ansatzweise von »Familien-Abschaffung« sprechen, wenn wir zum Beispiel auf den palästinensischen Aktivismus blicken, in dem die indigene Familie immer schon von vornherein von der

Besatzungsmacht abgeschafft ist? Wie können wir die Inhaftierten in Geflüchtetenlagern zur »Familien-Abschaffung« aufrufen, nachdem sie aus El Salvador, Guatemala, dem Sudan, Kolumbien, Syrien, Jemen oder Afghanistan geflohen sind und systematisch von ihren Verwandten getrennt wurden? Wie könnten wir von LGBT-Personen erwarten, dass sie sich einer Agenda verpflichten, die wie eine Appell klingt, auf den Zugang zu denselben Rechten und technischen Möglichkeiten zu verzichten, die Heterosexuelle haben, wenn sie zum Beispiel ihre Verwandten im Krankenhaus besuchen oder Kinder kriegen wollen? Vielleicht wäre es besser, eine *erweiterte* oder eine *reformierte* Version der Familie zu fordern statt eine abgeschaffte. Es wäre sinnlos, den Anschein zu erwecken, die Nachteile der Verwandtschaftspraktiken kolonisierter Menschen mit dem Gefängnisstaat zu vergleichen. Es ist doch fahrlässig, eine Politik verteidigen zu wollen, die möglicherweise so interpretiert wird, als würde sie die Familie, die oft unermüdlich arbeitet, um junge Schwarze, Migrant:innen und Indigene vor Gewalt zu schützen, die sie vor der Polizei versteckt, aus Gefängnissen befreit und so weiter, als würde sie diese Familie mit deren Feinden, mit der Polizei, den Gerichtshöfen und den Gefängnissen irgendwie gleichsetzen.

Wie man sehen kann, bin ich halbwegs flüssig – fast schon leidenschaftlich – dazu in der Lage, Gründe gegen den Kampf für »Familien-Abschaffung« abzuspulen. Sie sind überzeugend, diese Argumente, sogar für mich. Seit mein Buch *Full Surrogacy Now* erschienen ist, haben sie mir zu denken gegeben, mich herausgefordert und zu zahllosen Diskussionen geführt. Noch jetzt bin ich fast überzeugt davon, dass es zu riskant ist, von »Familien-Abschaffung« zu sprechen, zu unstrategisch, zu utopisch im negativen Sinne. Ich bin *fast* überzeugt und doch nicht ganz: Deswegen werde ich mich in diesem Kapitel bemühen, die Argumente für eine kritisch utopische Haltung herauszuarbeiten, indem ich Überlegungen von Hortense Spillers, Tiffany Lethabo King, Jennifer Nash, Hazel Carby, Paul Gilroy, Kathi Weeks, Kay Lindsey, Lola Olufemi und Annie Olaloku-Teriba zusammentrage. Sie alle wissen, dass es in der Vergangenheit schädliche *weiße* Versionen des Familien-Abolitionismus gegeben hat. Auch heute existieren ungute *weiße* Interpretationen eines angeblichen »Familien-Abolitionismus«. (In der Tat sind einige solche Varianten während der COVID-19-Lockdowns aufgetaucht. In den sozialen Medien habe ich beobachtet, wie einige wenige privilegierte Frauen und junge Queers sich diese radikalen Begriffe kurzzeitig angeeignet haben, um über das Abstandhalten und die Ausgangssperre zu schimpfen, weil sie es nicht ausstehen konnten, auf Haushaltshilfe beziehungsweise auf queere sexuelle Freiheit verzichten zu müssen. Soweit ich sehen konnte, wurden solche Ausrutscher zu Recht verspottet, getadelt und widerlegt.)

Wie wir im nächsten Kapitel sehen werden, haben Sozialist:innen, Feminist:innen und Revolutionär:innen in den USA seit weit mehr als einem Jahrhundert über die beste Haltung zu Familienformen debattiert, die nicht (oder zumindest scheinbar nicht) bürgerlich oder *weiß* sind. Diese Kämpfe erreichten die breite Öffentlichkeit, als der Arbeitsminister der USA 1965 die (von Frauen geführte) sogenannte »Negro family« offiziell als »Knäuel der Pathologie« diagnostizierte und eine ganze kritische Tradition neu wachrüttelte. In den dreißiger Jahren hatten Schwarze sozialistische Soziolog:innen wie E. Franklin Frazier sich vorgenommen, eine wahre pastorale Schwarze Familie im Archiv der Versklavung zu entdecken und sie für eine Politik der Schwarzen »Anständigkeit« zu nutzen. Natürlich ließ der vehement Anti-Schwarze Moynihan-Bericht diese Tradition wieder aufleben. Dieses Mal entstand allerdings auch eine skeptische links-feministische Gegentradition, die ihren Höhepunkt in der Arbeit der Philosophin Hortense Spillers fand: In ihrem epochalen Essay »Mama's Baby, Papa's Maybe« analysierte sie die Entstehung der Schwarzen Un-Mutterschaft vor dem US-amerikanischen Bürgerkrieg. Spillers ließ sich für die versöhnliche Misogynie nicht begeistern, die in Pro-Schwarzen Argumentationen wie der von Frazier eingebettet war. Solche Argumentationen sollten zeigen, dass versklavte Menschen im Rahmen ihrer Möglichkeiten immer die patriarchale Familie angestrebt hatten, und so implizieren, dass ihre Nachkommen diese Familienform aufrechterhalten konnten und wollten. Im Gegensatz dazu wollte Spillers die gewaltsam erzeugte »Familienlosigkeit« der Schwarzen ernst genug nehmen, um deutlich zu machen, dass es einer ganz neuen verwandtschaftsäquivalenten Art und Weise bedarf, sich miteinander zu verbinden.

Sie schreibt: »Ob wir uns entscheiden, dass die Unterstützungssysteme, die Afroamerikaner:innen unter den Bedingungen der Versklavung entwickelten, ›Familie‹ heißen sollten, oder anders, scheint mir äußerst irrelevant.« Aus ihrer Sicht geht es eigentlich darum, dass »afrikanische Bevölkerungen in der historischen Diaspora nichts beweisen mussten«, da es »frappierend klar« ist, dass sie im Stande waren,

Strukturen der gegenseitigen Sorge zu entwickeln, die »mindestens so komplex waren, wie die der westlichen ›Kernfamilie‹«. Anstatt sich an der »Familie« als Maßstab (oder als Ziel) zu orientieren, konzentriert sich Spillers auf die Tatsache, dass Schwarze Frauen infolge der Versklavung »*außerhalb* der traditionellen Symbolik des weiblichen Geschlechts« stehen, und zieht daraus eine Schlussfolgerung für politische Kämpfe: »Unsere Aufgabe ist es, einen Ort für dieses andere soziale Subjekt zu schaffen.« Einen Ort, den man Familie nennen könnte – oder auch nicht. Während also Fraziers »gute revisionistische Geschichte« (so Spillers' bissige Formulierung) der »Negro Family« ironischerweise ziemlich nah an Moynihans Bericht ist (beide sind sich einig, dass ein »Matriarchat« etwas Obszönes ist), lehnt Spillers beide Standpunkte ab und betont, dass die bestehende »Grammatik« des amerikanischen Lebens besonders für Schwarze Frauen gebrauchsuntauglich ist: »Wir sind weniger daran interessiert, in die Reihen des weiblichen definierten Genders aufgenommen zu werden, als daran, das Territorium der *Rebell:innen* als weibliches soziales Subjekt zu gewinnen.«[1]

Wie Tiffany Lethabo King auf sehr effektvolle Art in einem 2018 erschienenen Essay zeigt, kann Spillers' Text im Sinne der Familien-Abschaffung gelesen werden.[2] Allerdings weist King darauf hin, dass die meisten Schwarzen wissenschaftlichen und feministischen beziehungsweise womanistischen Antworten auf den Moynihan-Bericht kaum so weit gehen wie »Mama's Baby, Papa's Maybe«; »selten hinterfragen sie die Brauchbarkeit des Familienbegriffs an sich«. Stattdessen wird meistens für »erweiterte«, »ausgeweitete«, »nichtbiologische«, »queere« und »generationenübergreifende« Alternativen argumentiert. Das Problem mit diesen »Modifizierungen und Revisionen der Familie«, so King, ist der Umstand, dass sie »immer noch mit dem liberalen humanistischen Konzept der Kindespflicht verbunden sind«.[3] Das bedeutet, dass sie sich weiterhin auf das menschliche »Subjekt« des Liberalismus beziehen, das *nicht* durch Versklavung seine Geschlechtsidentität verloren hat. Deswegen befreien sich solche Ansätze nicht ganz von der Definition der Verwandtschaft *(Verwandtschaft als besitzergreifende Beziehung)*, die Spillers in den achtziger Jahren als Grundelement der *weißen* amerikanischen Kultur (beziehungsweise deren *Grammatik* in Bezug auf Rassifizierung und Gender) entlarvte.

Die Kategorie Schwarzer Mutterschaft inspiriert diejenigen unter uns, die sie gegen Angriffe und Abwertung durch nekropolitische Kräfte verteidigen wollen. Sie regt uns an, feierliche und sogar ekstatische queer-utopische Theorien zu entwickeln. Infolgedessen müssen wir eingestehen, dass nicht immer viel Raum bleibt, um mögliche patriarchale und besitzergreifende Gewalttaten zu kritisieren, die Mütter (jeglichen Geschlechts) in Schwarzen Familien begehen, oder um die Gewalt zur Kenntnis zu nehmen, die diese feierlich-lobende Haltung den Müttern selbst möglicherweise antut. Die 2016 erschienene Anthologie *Revolutionary Mothering*, die von Alexis Pauline Gumbs, China Martens und Mai'a Williams herausgegeben wurde, bemüht sich um eine queere Auslegung des Bereichs der erweiterten Schwarzen Verwandtschaft, der mit dem ethnographischem Schlüsselwerk von Carol Stack, *All Our Kin* (1974), assoziiert ist.[4] *Revolutionary Mothering* schwankt zwischen verschiedenen Positionen: Mal wollen die Texte abgewertete Mutterschaften in einer Sprache der queeren Euphorie neu aufwerten, mal spielen sie mit der Vorstellung, dass die Praktik des »mothering« (»Muttersein« oder »bemuttern« im positiven Sinne) zwar revolutionär sei, die »motherhood« (»Mutterschaft«) jedoch zu dem zähle, was beseitigt werden müsse. Als ich die Anthologie neulich mit Blick auf die Perspektive von Tiffany Lethabo King erneut las, dachte ich darüber nach, wie hartnäckig die Familie als naturalisierte Form der menschlichen Organisation im Schatten – *als* Schatten – ihrer wunderbaren Alternativen verharrt. *Revolutionary Mothering* hat nicht nur mein Leben verändert, sondern, wie sie selbst sagen, auch das Leben einiger meiner Studierenden. Ich empfinde tiefe Wertschätzung für den Band. In letzter Zeit habe ich mich aber gefragt, ob wir nicht weiter gehen können.

Ähnlich ging es anscheinend auch der Sexualtheoretikerin Jennifer Nash, die sich kürzlich in einem Essay zu *Revolutionary Mothering* mit dem Thema Schwarzer Mutterschaft beschäftigt hat. »Als Schwarze feministische Wissenschaftlerin«, gesteht sie vorsichtig, »bin ich nach wie vor sowohl fasziniert als auch skeptisch, wenn ich sehe, dass Schwarze Mutterschaft als radikal und revolutionär, spirituell und transformativ dargestellt wird.«[5] Wenn zeitgenössische Visionär:innen wie Alexis Pauline Gumbs argumentieren, dass Schwarze Mutterschaft queer ist,[6] bauen sie auf starken Fundamenten, die von Cathy Cohen, der früheren großen Denkerin der Queer Studies, gelegt wurden. (Cohen bemühte sich, die Entschärfung der Queerness zu bekämpfen, indem sie sie mit »Punks, Bulldaggers und Welfare Queens« verband.) Auch wenn – wie schon erwähnt – Austeritätspolitik und Gefängnisse im Zentrum des analytischen Rahmens stehen, weiß ich nicht, ob uns die Diskurse, die wir normalerweise unter den Stichworten »queer«, »Schwarz« und »reproduktive Gerechtigkeit« zusammentragen, helfen, die Unterdrückungsstrukturen zu benennen, die queere Schwarze Mütter oder ihre Milieus möglicherweise selbst aufrechterhalten.

Revolutionär:innen müssen potenzielle Herausforderungen *von innen* ermöglichen und willkommen heißen. Herausforderungen von Kindern, zum Beispiel, die vielleicht ihre eigenen Ideen haben, wie Beziehungen funktionieren könnten, oder von Frauen, die nicht das Gefühl haben, dass ihre Mutterschaftspraktiken (oder die Ablehnung solcher Praktiken) das Niveau des Revolutionären erreicht haben. Wir müssen die erwachsenen Frauen, die nichtbinären Menschen und die Männer hören, die wegen Klassenzugehörigkeit, Pflegeverantwortung, abweichender Geschlechtsidentität und / oder Trans-Identität in die Kategorie »queere Schwarze Mutterschaft« fallen, die aber diese Arbeit trotzdem hassen, sich nach etwas anderem sehnen und sich in der romantischen Vorstellung ihrer Rolle einfach nicht wiederfinden. Wir müssen aufmerksam bleiben, indem wir fragen: Wann stellt »queer« keine Herausforderung für das Eigentum dar? Zu welchem *Zweck* versuchen wir, die Mutterschaft queer zu lesen? King fordert uns heraus zu überlegen, warum wir die queere Figur der Schwarzen Matriarchin retten und hochhalten wollen. Ich verstehe King so, dass wir mit der Aufwertung Schwarzer Mütter auf der bloßen Basis des Mutterschaftsbegriffs Gefahr laufen, andere mögliche Arten der Identität auszuschließen und so Subjekte zu übergehen, die vielleicht überhaupt kein großes Interesse an Erlösung haben. Wir müssen uns die Frage stellen, ob wir bereit sind, ein *destruktives* queeres Schwarzes weibliches Subjekt zu dulden, anstatt uns immer nur ein produktives vorzustellen. Wenn ja, gilt es herauszufinden, welche nicht erlösenden Wege wir bahnen könnten, die in interessantere Richtungen führen. Was könnten kollektive Subjektpositionen nach der Familie und jenseits der Mutterschaft sein?

Zehn Jahre nach dem Erscheinen von »Mama's Baby, Papa's Maybe« publizierte die britische feministische Critical-Race-Theoretikerin Hazel Carby eine ganz andere bahnbrechende Intervention unter dem Titel »White Woman Listen!«. Während Spillers die Familie für unverbesserlich hielt, war Carbys Zielscheibe vielmehr die strikte Abneigung der Frauenbewegung gegenüber der Familie. Die meisten Schwarzen Feminist:innen »würden nicht abstreiten wollen, dass die Familie auch zu unseren Unterdrückung beiträgt«, so Carby; trotzdem waren viele frustriert, dass *weiße* Feminist:innen den Aspekt der Unterdrückung überbetonten. »Die Schwarze Familie ist seit langem ein Ort des politischen und kulturellen Widerstands gegen den Rassismus«, mahnte Carby.[7] Selbstverständlich stimmt das. Es kann keine Forderung nach Familien-Abschaffung geben ohne Wertschätzung dessen, was die Familie im Hinblick auf *widerständige* ethnische und gruppenbezogene Identität, Freude und (vor allem) Überleben bietet. Wir müssen uns der Frage stellen, wessen Familie wir abschaffen. Dennoch kann es sein, dass wir eine andere Antwort erhalten, als erwartet.

Tatsächlich könnte sie lauten: *Meine Familie als erste, bitte!* So beschreibt Tiffany Lethabo King ihre »Hingabe an das dauerhafte Schwarze intramurale Leben« (d.h. buchstäblich

Schwarzes Leben »innerhalb der Mauern«, also internes Leben, das zu Hause verortet ist), wie es in ihrer eigenen »erweiterten Schwarzen diasporischen Familie« gelebt wird:

> »Obwohl ich glückselig und manchmal unbehaglich in einer Formation existiere, die ständig umgestaltet – und schließlich sogar abgeschafft – werden muss, damit sie offen und liebevoll genug ist, um die eigene Gewalttätigkeit konfrontieren und weiterhin alle umfassen zu können, die Teil von ihr sein wollen, wird es vielleicht erforderlich sein, über sie ›hinaus‹ zu denken. Obwohl ich die Familie kritisiere und mich verpflichtet fühle, ihre Unzulänglichkeiten – sogar ihre Eliminierung – anzusprechen, zelebriere ich die Kreativität der Schwarzen Nachkommen gefangener Gemeinschaften, ihre Beziehungen weiterhin neu zu erfinden und zu konzeptualisieren. Dieser Schwarzen Aufgabe werde ich mich für immer widmen.«[8]

Es ist also ganz offensichtlich möglich, die eigene Schwarze Familie zu lieben und gleichzeitig zu begreifen, dass die Familie historisch als Kategorie der »gewalttätigen Ausprägungen des Humanismus« entstanden ist.[9] Tatsächlich ist eine solche Liebe wohl der *Grund*, dass Menschen, wie zum Beispiel Tiffany, gegen die Familienform kämpfen möchten: gegen jenen »Ort der Gewalt und Entmenschlichung, der droht, Schwarze Sozialität zu verschlingen«.[10]

Die Debatte zwischen einer »Reform« oder einer »Erweiterung« der Familie und der Familien-Abschaffung ist also »keine rein semantische Haarspalterei«, wie Barrett und McIntosh 1982 anmerkten. Dem schließe ich mich an: Auch wenn wir noch nicht alle Antworten haben, wird es letzten

Endes darum gehen, »herauszufinden, ob die positiven Ideale und die Quellen der Erfüllung, die wir bestärken wollen, *aus* der Familie hervorgehen oder – wie wir argumentieren werden – trotz der Familie überleben.«[11]

Das alles ist ein äußerst schwieriges politisches Terrain. Wenn die Familie eine »ungleiche und kombinierte« Form des Gedeihens ist, die manchen verweigert wird, und gleichzeitig ein ungleicher und kombinierter Mechanismus der Gewalt, der die Macht in den Händen anderer konzentriert, so wäre es verfehlt, sich vorzustellen, dass wir »mit Sicherheit« eine Namensgebungsstrategie wählen könnten, die dem Ausmaß des Problems, das wir Familie nennen, gewachsen wäre. Eine Option könnte sein, ausdrücklich darauf hinzuweisen, dass wir die *weiße*, cis-hetero-patriarchale, koloniale Kernfamilie meinen, wenn wir von der Familien-Abschaffung sprechen. Das fühlt sich möglicherweise sicherer an, könnte aber ein größeres Risiko bergen, da es uns einlädt, den politischen Charakter aller nicht*weißen*, gemischten, homosexuellen und/oder indigenen Haushalte zu entschuldigen oder zu romantisieren. Dadurch lassen wir gleichzeitig die Bedürfnisse der meisten Menschen nach Familien-Abschaffung außer Acht und schließen diese Menschen aus der Politik der Familien-Abschaffung aus!

Eine andere Option hält am ungleich härteren Kurs fest und sagt, dass aus historischen Gründen keine andere Familie als *die* Familie existiert. Offensichtlich stellen nicht*weiße* Haushalte planetarisch gesehen eine Mehrheit dar. Viele Familien sind weder heterosexuell noch cis-sexuell und auch kein Teil eines Programms der kolonisierenden Siedlung. Doch während *Weiß*sein, das Empire und Hetero-Sex viel mit der Familie zu tun haben, ist ihr eigentliches Grundelement, so Kathi Weeks, die Privatisierung der Sorgearbeit: ein Prozess der Einzäunung, an dem alle möglichen Familien unwillentlich teilnehmen.[12] Wenn wir uns also für die zweite Option entscheiden, muss die Familie abgeschafft werden, auch wenn sie von Menschen angestrebt, mythologisiert, wertgeschätzt und verkörpert wird, die weder *weiß* noch heterosexuell sind, weder bürgerlich noch Kolonisator:innen. Wie du merkst, halte ich diese letztere Position für richtig. Während es weder Gleichberechtigung noch Gerechtigkeit in der Verteilung des »Verwandtschaftsreichtums« unter den Menschen auf dieser Erde gibt und *weiße*, heterosexuelle und / oder bürgerliche Menschen es auf keinen Fall *verdienen*, die Früchte der Anstrengungen aller anderen zu ernten, die den Mut haben, die Familie abzuschaffen, wird die Menschheit erst dann wirklich gedeihen, wenn wir die Familie, diese Technologie der Privatisierung, kollektiv loslassen.

Heutzutage ist es in praktisch allen Gemeinschaften üblich, die Familie als Bollwerk der relativen Sicherheit vor staatlicher Verfolgung und den Zwängen des Markts zu feiern, als Raum, in dem untergeordnete kulturelle Praktiken, Sprachen und Traditionen gepflegt werden können. Das ist aber nicht Grund genug, um die Familie zu verschonen. Wie Hazel Carby (zum Nutzen ihrer *weißen* Schwestern) frustriert betont, halten viele rassifizierte Menschen und/oder Menschen, die ökonomisch und patriarchal unterdrückt sind, stolz und eifrig an der Familie fest. Sie hatte recht; trotzdem argumentiert Kathi Weeks: »Das Modell der Kernfamilie, die untergeordneten Gruppen als Zaun gegen den Staat, die Gesellschaft und das Kapital gedient hat, ist genau dieselbe *weiße*, koloniale, bürgerliche, heterosexuelle und patriarchale Institution, die ehemals versklavten und indigenen sowie zahlreichen migrierten Menschen aufgezwungen wurde, die alle weiterhin ihren schwachen Schutz brauchen und gleichzeitig von ihren Vermächtnissen und Vorschriften marginalisiert werden.«[13] Die Familie ist ein Schild, zu dem Menschen berechtigterweise gegriffen haben, um einen Krieg zu überleben. Wenn wir uns nicht vorstellen können, diesen Schild jemals niederzulegen, haben wir vielleicht vergessen, dass der Krieg nicht ewig andauern muss.

Deswegen formulierte Paul Gilroy in seinem 1993 erschienenen Essay »It's A Family Affair«, »auch das Beste an diesem Diskurs über die Familialisierung der Politik ist immer noch ein Problem«.[14] Gilroy setzt sich mit der Realität auseinander, dass die unerbittliche Respektlosigkeit des Staats gegenüber dem Schwarzen Zuhause sowohl im Vereinigten Königreich als auch in den USA, seine Überschreitung der Grenzen Schwarzer Haushalte sowie seine unverhältnismäßig häufige Abschiebung Schwarzer Kinder in die Pflege-Industrie verständlicherweise eine dringende antirassistische Politik der »Familialisierung« inspirieren, die Schwarze Familien verteidigen will. Sowohl die britischen als auch die amerikanischen Unterwelten der sogenannten »zerrütteten« Familien (Milieus, die exotisiert werden, indem betont wird, wie sie trotz aller vermeintlicher Widrigkeiten kreativ aufblühen) haben die Legitimität des Familienregimes durch ihre bloße Existenz hartnäckig bedroht, meint Gilroy. Das Paradoxe daran ist, dass der »zerrüttete« Rest das bürgerliche Regime insofern *aufrechterhält*, als er die Kultur, die Inspiration und oft auch die Ersatz-Sorgearbeit zur Verfügung stellt, die es der *weißen* Familie erlaubt, sich als intakt vorzustellen. Als Dialektiker will Gilroy beides haben, wie er zum Schluss seines Essays schreibt: »Ich möchte dazu in der Lage sein, das, was wir retten können, aufzuwerten, und gleichzeitig die verheerenden Folgen zu benennen, die daraus resultieren, wenn die Familie die einzigen Symbole der politischen Handlungsfähigkeit liefert, die wir in der Kultur finden können, sowie den einzigen sichtbaren Gegenstand dieser Handlungsfähigkeit. Denken wir daran, dass es auch andere Möglichkeiten gibt.«[15]

Es gibt andere Möglichkeiten! Die Sehnsucht nach ihnen finden wir spurenweise in der Anthologie von Toni Cade (später Toni Cade Bambara), *The Black Woman*, die 1970 in den USA erschien, wenige Jahre nach der Veröffentlichung des sogenannten »Moynihan Berichts« vom Arbeitsministerium mit dem offiziellen Titel *The Negro Family: The Case for National Action*. Die Jagdsaison auf die Schwarze Matriarchin war eröffnet. Da die Feminist:innen in der Anthologie sich bemühen, die gesellschaftliche antimütterliche Stimmung (Matrophobie) und vor allem den Hass auf Schwarze Frauen (in jüngerer Zeit als »misogynoir« bekannt) zu bekämpfen, machen bei weitem nicht alle von ihnen den nächsten Schritt und kritisieren Familismus in den eigenen Schwarzen Gemeinschaften. Immerhin lehnen ein paar Beiträge die Vorstellung kategorisch ab, die Familie könne jemals Teil einer Schwarzen (kollektiv menschlichen) Emanzipation sein. In ihrem Beitrag »The Black Woman as a Woman« legt Kay Lindsey dar: »Wenn alle *weißen* Institutionen außer der Familie zerstört würden, könnte der Staat wieder aufstehen, nur Schwarz statt *weiß*.«[16] Mit anderen Worten: Die einzige Möglichkeit, die Zerstörung des patriarchalen Staats zu gewährleisten, ist die Zerstörung der Institution der Familie. »Und ich meine wirklich zerstört«, sagte 1980 Pat Parker, die Vertreterin des feministischen Zentrums der Frauengesundheit, in einer Rede, die sie auf der ¡Basta!-Frauenkonferenz in Oakland, Kalifornien hielt. Die Konferenz befasste sich mit dem Imperialismus und dem Dritten Weltkrieg. Parker sprach unter anderem im Namen vom Black Women's Revolutionary Council. Ihre umfassende Stellungnahme, die sich mit dem Imperialismus, dem Ku-Klux-Klan und dem Aufbau von Bewegungen auseinandersetzt, endet bewusst mit der Familie: »Solange Frauen an die Struktur der Kernfamilie gebunden sind, können wir uns nicht effektiv in Richtung Revolution bewegen. Und wenn Frauen sich nicht bewegen, findet keine Revolution statt.«[17] Die Linken müssen genauso wie Frauen insbesondere der Ober- und Mittelschicht »ihre ewige Familientreue aufgeben«, fordert Parker. Diese Treue ist »das Grundelement des Kapitalismus, das zerstört werden muss, damit wir uns in Richtung Revolution bewegen können«.

Vierzig Jahre später ist die britische Autorin Lola Olufemi eine von denen, die uns daran erinnert, dass es andere Möglichkeiten gibt. »Die Familie abzuschaffen …«, twittert sie, »ist leichte Arbeit. Ihr streitet euch darüber, ob Engels dieses oder jenes gesagt oder nicht gesagt hat, dabei ist es für Black Studies / den Schwarzen Feminismus seit Jahrzehnten ein zentraler Punkt gewesen.«[18] Für Olufemi, wie auch für Parker und Lindsey, ist die Familien-Abschaffung nur in Verbindung mit der Abschaffung des Privateigentums, der White Supremacy und des Kapitalismus denkbar. Olufemi steht damit nicht alleine da. Annie Olaloku-Teriba, eine Schwarze Wissenschaftlerin, die sich mit »Schwarz-Sein« in der Theorie und in der Geschichte beschäftigt, ist eine weitere zeitgenössische Vertreterin der Schwarzen Tradition der Familien-Abschaffung, von der Olufemi spricht. 2021 überraschte und erschütterte Olaloku-Teriba manche ihrer Follower:innen mit einer Reihe von Posts, angetrieben von ihrem Engagement für den Umsturz der »familiären Beziehungen« als Schlüsselziel ihres antipatriarchalen Sozialismus.[19] Diese Beiträge verweisen auf die auffallende Abwesenheit des Kindes in den heutigen Theorien patriarchaler Häuslichkeit und kritisieren die mangelnde Bereitschaft der Radikalen, Mütter, die »[Schwarze] Jungs gewalttätig disziplinieren, um ihnen Männlichkeit aufzuzwingen«, *patriarchal* zu nennen. »Die Beziehung zwischen Erwachsenen und Kindern ist genauso zentral für das Patriarchat wie die zwischen ›Mann‹ und ›Frau‹«, schreibt Olaloku-Teriba: »Die Vorherrschaft der Frau über den Jungen ist ein sehr routinierter und machtvoller Ausdruck der patriarchalen Herrschaft.« Diese Beobachtungen eröffnen neue Horizonte. Was würde es heißen, wenn Schwarze Betreuer:innen (aller Geschlechter) die Abwesenheit der Familie im Leben Schwarzer Kinder nicht mehr fürchten würden? Was würde es heißen, die Schwarze Familie nicht mehr zu *brauchen*?

Im nächsten Kapitel werden wir durch die komplexe zweisträngige Geschichte des Familien-Abolitionismus rasen. (In manchen Fällen geht es um Bewegungen, die sich selbst als Familien-Abolitionismus bezeichnet haben, in anderen interpretiere ich sie in diesem Sinne.) Wie wir sehen werden, geht es auf der einen Seite um Menschen, die von erotischer Städteplanung geträumt haben, von küchenloser Architektur, von nationalisierter Kinderbetreuung, von Ektogenese, von der politischen Emanzipation der Kinder, von der Schwulenemanzipation, von Post-Hausarbeitsvergnügungen und von radikalem Sozialhilfe-Aktivismus. Auf der anderen Seite haben Menschen sich davongestohlen, sich der Fortpflanzung verweigert, im Geheimen Kinder geboren, die Ehe vermieden, Bindungen aufrechterhalten, Ahnen gedacht und Menschen befreit. Auf der einen Seite lässt sich eine ungleichmäßige, unorganisierte Bewegung aus dem Innern der Matrix staatlich sanktionierter Verwandtschaft beobachten, die aus den Beschränkungen dieser Matrix ausbrechen wollte, indem sie Experimente gegensozialer Reproduktion initiierte: Frauenstreiks, lesbische Sorgerechtsstreite, freie Schulen, Kommunen, Kinderbetreuungskollektive von Männern. Auf der anderen Seite entwickelten Menschen parallel dazu Formen des Zusammenseins, die auf den Praktiken der Maroons (geflohene, ehemals versklavte Menschen) basierten und manchmal auch »the undercommons«[20] genannt worden sind – Lebensweisen, die wiederholte Versuche überlebt haben, das familiäre Regime des Eigentums durchzusetzen.

3 Eine kurze Geschichte des Familien-Abolitionismus

»Wir sind schon jenseits der Familie.«
Manifest der Gay Liberation Front[1]

Für die Familien-Abschaffung hat es nie eine kontinuierliche Kampagne oder eine bewusste Koalition gegeben. Trotzdem argumentieren Menschen seit mindestens zweitausend Jahren für Alternativen zur Familie. Manchmal bauen sie diese Alternativen sogar. In Buch V der *Republik* stellt Sokrates fest, dass die Familie abgeschafft werden müsse, weil sie, nun ja, offensichtlich ungerecht sei. (Gemäß der trockenen Formulierung einer zeitgenössischen politischen Philosophin »stören Familien gerechte Verteilungsmuster, insbesondere die Chancengleichheit«.[2]) Ob die Familie abgeschafft oder erhalten werden sollte, ist also nicht nur eine Frage, die Bachelorstudierende in Philosophieklausuren zum Thema Platon beantworten. Sie gehört zu den im strengsten Sinne klassischen Debatten der Philosophie, die in juristischen Fachzeitschriften bis heute ernsthaft im Gang sind.[3]

Abstraktes Philosophieren ist aber nicht alles gewesen. In den letzten zwei Jahrzehnten haben unterschiedlichste Kämpfer:innen und Radikale die Familien-Abschaffung experimentell verwirklicht und in Manifesten beschrieben. Beispiele dafür reichen von Nordfrankreich über das besetzte Palästina bis hin zum kolonisierten Chicago. Was nun folgt, ist eine schnelle und notwendigerweise unvollständige Reise, die uns nicht durch juristische Thesenpapiere führen wird, sondern durch gelebte und umkämpfte Versionen und Visionen der Familien-Abschaffung. Dabei wird der Fokus auf Europa und den USA liegen.

Charles Fourier

Abgesehen davon, dass er den Begriff »Feminismus« erfand, ist der französische Seidenverkäufer Charles Fourier der Grund dafür, dass »Utopie« oft mit Limonadenmeeren in Verbindung gebracht wird (als früher Klimaforscher und Geotechniker hat er diese tatsächlich vorausgesagt). Vor allem aber identifizierte Fourier das Einfamilienhaus als zentrales Hindernis für die Verbesserung der Stellung der Frau in der Welt. Diese grundlegende Einsicht inspirierte eine weltweite Bewegung utopischer Landprojekte. Einige von ihnen wollten die Frauen zermürbende Norm der privaten Küche zugunsten sogenannter »küchenloser« Städte abschaffen – Nachbarschaften, die über offene gemeinschaftliche Küchen und ausgezeichnete Gratiskantinen verfügten.[4] So vernünftig das sicherlich gewesen sein mag, waren viele andere Ideen von Fourier ungewöhnlich: Zum Beispiel lehnte er Brot ab (Feingebäck war ihm lieber), genauso wie die Zahl Zehn; er erwartete, dass Haifische und Löwen evolutionär von »Anti-Haifischen« und »Anti-Löwen« ersetzt würden. Wie Dominic

Pettman erklärt, entwickelte er eine komplizierte physische Erzählung, die besagt, dass wir »in den schlechtesten aller möglichen Welten leben, jedoch nur ein paar Monate davon entfernt sind, dieses Szenario in sein Gegenteil umzudrehen«.[5]

Offensichtlich irrte sich Fourier in vielen Hinsichten. Außerdem war er ein rassistischer Kolonialist, der sich gar nicht so sicher war, ob die Ungleichheit zwischen arm und reich überhaupt aufgehoben werden sollte. Trotzdem entwickelte er schon viele Jahre vor Marx und Freud starke Theorien über die menschliche Verfremdung und die Verdrängung. Indem er die Familie als Eckpfeiler der Marktherrschaft und der »Zivilisation« angriff, half er zahllosen Menschen, »die Widersprüche, die verkannten Chancen und die versteckten Möglichkeiten in unserem eigenen Leben« anzuerkennen – so formuliert es einer seiner Biograph:innen.[6] Ab den 1840er Jahren gründete die Fourier'sche Bewegung gemeinschaftliche Wohnprojekte in ganz Amerika und Europa, die auf seinen polyamorösen Anti-Arbeitsvisionen basierten.[7] Da diese Kommunen alle entweder versandeten, staatlicher Repression erlagen oder auf üble Art implodierten, könnten wir nach manchen Maßstäben sagen, dass der Fourierismus offensichtlich scheiterte. Nach anderen Maßstäben ließe sich aber auch formulieren, dass es noch zu früh ist, um das festzustellen.

Ins nordfranzösische Kleinbürgertum hineingeboren, war Fourier zur Zeit der Französischen Revolution etwa achtzehn Jahre alt. Vom historischen Momentum elektrifiziert, gab er seine Pläne auf, sich der Baukunst zu widmen, und wandte sich stattdessen dem Schreiben zu, um sozusagen den Bauplan der Zukunft zu entwerfen. Er schrieb bei Nacht und arbeitete bei Tag weiterhin als Kaufmann. Langsam begann er alles zu hassen, was er »zivilisiert« nannte (also vor allem die Arbeit und die bürgerliche Kultur, die sich durch Heuchelei, Privateigentum und Märkte auszeichnete). Bevor er im Alter von 65 Jahren starb, hatte er mehrere Schriften veröffentlicht, zu den Wichtigsten zählen *Die neue Liebeswelt* und *Die Theorie der vier Bewegungen.* In diesen Schriften arbeitete er bis ins letzte Detail ausgefeilte Entwürfe für eine postkapitalistische Gesellschaft aus, deren Grundelemente vielen Menschen heute noch ziemlich überzeugend erscheinen. Was genau schlug er vor? Unter anderem ging es darum, ein universelles Grundeinkommen einzuführen und den Märkten zu entkommen. Es ging um nichtmonogame Lebensweisen, ausgezeichnetes Essen und abwechslungsreiche Freizeitbeschäftigungen für alle Generationen. Alle Menschen wohnen zusammen in riesigen Gebäuden, »Phalanxen« oder »Phalanstères« genannt, die je 1600 Menschen beherbergen.[8] Es gibt überdachte Fußwege für regnerische Tage und ein garantiertes Minimum an sexueller Vergnügung. Jegliche Arbeit ist völlig entprivatisiert (Aufgaben werden unter allen Kindern und Erwachsenen aufgeteilt und nach den etablierten »Gesetzen der leidenschaftlichen Anziehung« entsprechend der menschlichen Persönlichkeit organisiert.) Die Arbeit verwandelt sich also auf wundersame Weise in eine lustvolle Kunst oder ein freudiges Spiel. Regelmäßig finden sorgfältig kuratierte Sexpartys statt, die von speziellen »Feen« ausgerichtet werden.

Fouriers obsessive Notizen stellen den ersten bekannten detaillierten Entwurf einer europäischen Utopie dar. Diese

Utopie ist – um McKenzie Wark zu zitieren – »eine amouröse Ordnung für Frauen, ältere Menschen und Perverse«, die in einer Art »pornographischer Systemtheorie« daherkommt,[9] die die pharmako-pornographische Kapitalismusanalyse von Paul Preciado vorwegnimmt. Fourier nannte diese kommende Welt »Harmony« und verwendete ungeheuer viel Zeit auf das Kalkulieren und Tabulieren der Mischung aus pikanter Dissonanz und süßem Einklang, die als Schlüssel zum Harmonianischen Glück wissenschaftlich abgeleitet war. Leider war politische Ökonomie nicht Fouriers Stärke, trotzdem wurden seine Analysen des Geschlechts, der Ökologie, der bürgerlichen Moral und der Ehe von Andersdenkenden im 19. und 20. Jahrhundert zurecht ernst genommen. Dazu gehören Owen, Bebel, Marx, Engels, Kropotkin und Lenin, Walter Benjamin, André Breton und David Harvey sowie auch heutige Sexradikal:innen wie Wark und O'Brien. »Sein Geist«, hat man gesagt, »ist ins konzeptuelle Grundwasser eingesickert.«[10] Am bemerkenswertesten ist Fouriers Erkenntnis, dass Männer das weibliche Geschlecht auch dann noch »erniedrigen, wenn sie ihm Weihrauch streuen«.[11] Von der Bedeutung weiblicher sexueller Freiheit war er völlig überzeugt, was ihn dazu antrieb, eine orgiastische proto-queere Theorie *avant la lettre* zu verbreiten. Der ursprüngliche Feminismus lässt sich also von der Familien-Abschaffung, dem queeren Sex und dem sozialistischen Utopismus nicht trennen. Gut zu wissen, oder? *Vive le phalanstère!*

Queer, indigen und »maroon«: Das 19. Jahrhundert

An dieser Stelle ist es von entscheidender Bedeutung, sich klarzumachen, dass vorkoloniale und indigene Bevölkerungen – beispielsweise in Afrika oder Nordamerika – die Form des Privateigentums namens »Familie« im Großen und Ganzen nicht selbst entwickelten. Stattdessen wurde sie ihnen im Zuge des Disziplinierungsprozesses, der zum Kapitalismus führen sollte, aufgezwungen.[12] Und während sich assimilierte Lebensweisen unter First Nations auf dem ganzen amerikanischen Kontinent sicherlich weitgehend durchgesetzt haben (infolge der laufenden Katastrophe, die die letzten vierhundert Jahre aus ihrer Perspektive gewesen sind), ist die Familialisierung auch ein kontinuierlicher und nicht nur ein »historischer« Prozess der Kolonisierung. Wie der »Kritische Polyamorist« Kim Tallbear, der dem Sisseton Wahpeton Oyate entstammt, über die indigene Erfahrung schreibt: »Koloniale Familienbegriffe stigmatisieren uns weiterhin auf heimtückische Art, da sie den normativen Standard verkörpern, an dem wir gemessen werden.«[13] Zum Beispiel bemühten sich britische Kolonialist:innen im 18. Jahrhundert explizit, die Systeme der Geschlechtergleichheit zu zerstören, die weibliche politische Macht umfassten (aus britischer Sicht eine Weiberherrschaft, ein »petticoat government«[14]) und bei indigenen Gruppen wie den Cherokee wirksam waren. Im 19. Jahrhundert beharrten US-amerikanische und kanadische Regierungen üblicherweise auf der Ehe, um Stammesstrukturen des Gemeinschaftseigentums aufzulösen, die mit nichtbinärem Geschlecht, nichtmonogamen Lebensweisen und/oder matrilokalen offenen Ehen einhergingen: Die Regierungen führten das Privateigentum ein, um es dann in den Händen des »Haushaltsvorstands«, also des Ehemanns, zu konzentrieren.[15] In diesem Sinne können wir sagen, dass die Familien-Abschaffung – als Widerstandsprojekt, als Möglichkeit, der bürgerlichen Gesellschaft zu entkommen, und als *Abwehr* gegen die Kolonisierung – eine Denkbewegung war, die durch Praktiken von gestohlenen, gefangenen, kolonial vertriebenen und / oder ehemals versklavten Menschen eröffnet wurde. Diese widersetzten sich den Institutionen und Formen der Bürgerschaft, die die USA ihnen einschärfen wollten, nämlich: dem Privateigentum, der säkularisierten christlichen Monogamie und dem privaten Kernhaushalt auf Basis der Ehe.

Ein paar Autostunden westlich von meinem Zuhause in Philadelphia – in Carlisle, Pennsylvania – befindet sich ein sogenannter »Indian Cemetery«, ein Friedhof, auf dem zweihundert sehr junge indigene Kriegsgefangene begraben sind: Kinder, die US-amerikanische Siedler-Kolonialist:innen ihren Verwandten raubten und in der Carlisle Indian Industrial School (1879–1918) einsperrten. In Carlisle wurden die indigenen Kinder von Zivilisierer:innen, Anthropolog:innen und sanftmütigen maternalistischen Genozid-Befürworterinnen wie Alice C. Fletcher erzogen, die ihnen das, was TallBear »settler sexuality« (»Siedler:innen-Sexualität«) nennt, eintrichterten. Von 1879 bis 1900 eröffnete das Bureau of Indian Affairs abseits der Reservate vierundzwanzig solcher Schulen. Bis zum Ende dieser Zeit waren drei Viertel aller indigenen Kinder in Internatsschulen eingeschrieben, die sich entweder auf dem Reservat oder abseits davon befanden. Mitteilungen innerhalb der Armee beweisen, dass diese Geiselnahme der jüngsten Stammesmitglieder ein bewusster Versuch war, erwachsene indigene Krieger:innen davon abzubringen, bewaffnete Gegenoffensiven zu starten (»sie sollen sich benehmen«), und gleichzeitig darauf abzielte, »die« Familie zu etablieren und Verwandtschaftsbande aufzubrechen. Indem sich die Aufmerksamkeit von der Abschlachtung der Menschen auf die Zerstörung der Stammesverwandtschaften und -lebensweisen verlagerte, markierte die Schulpolitik der amerikanischen Regierung einen Übergangsmoment im Prozess der Siedlung und der Kolonisierung. Dieser Moment lässt sich als Wende von der militärischen Maxime »The only good Indian is a dead Indian« zum neuen, reformgesinnten Motto von Richard Henry Pratt, dem Gründer von Carlisle, verstehen, das die menschliche Identität nach dem ödipalen Muster neu erfinden wollte: »Kill the Indian, save the man.« Bis heute laufen Bemühungen aufseiten der Verwandten und der lebenden Vorfahren, die geraubten Kinder zurückzufordern, neue genozidale Gesetze anzufechten, die Aufmerksamkeit darauf zu lenken, dass diese Schulen Akademien des Todes waren, und dafür zu sorgen, dass die jungen Menschen angemessen begraben werden und in Erinnerung bleiben.

Manche indigenen Diplomat:innen und Philosoph:innen wurden große Verfechter:innen der christlichen Moral und des Patriarchats. (Zum Beispiel initiierte Handsome Lake, ein Anführer der Seneca, 1803 Ereignisse, die als die Salem-Hexenjagd der Iroquois beschrieben worden sind.[16]) Trotzdem praktizierten die meisten indigenen Stämme vor der Kolonisierung – und in manchen Fällen durchgehend bis heute – nur wenige oder keine patriarchalen Lebensformen. Kinder wurden kollektiv erzogen, mehr als zwei Geschlechter waren anerkannt, der sexuellen Lust wurden nur lose soziale Einschränkungen auferlegt, nichtmenschliche Wesen waren Teil der Verwandtschaft und Mutterschaftspraktiken (wie das Stillen) galten manchmal als geschlechtsinklusiv und waren bisweilen von diplomatischer Relevanz.[17] Seit vier Jahrhunderten kommen indigene amerikanische Two-Spirit-Geschlechtssubjektivität, indigene philosophische Traditionen und indigene Kulturen der sexuellen Freiheit Gender-non-konformer Siedler:innen als Quelle der Inspiration und Aufklärung zugute. In den sechziger und siebziger Jahren versuchten Gruppierungen der Schwulenbefreiungsbewegung, sogenannte »queere« Indigenität nachzuahmen. »Zwischen indigenem Leben und schwulen Praktiken hat es vereinzelte Wechselbeziehungen gegeben«, resümiert der:die Navajo-Autor:in Lou Cornum im 2019 erschienenen Essay »Desiring the Tribe« über die Geschichte der utopistischen schwulen und lesbischen Interaktionen mit (und Aneignungen von) indigenen Praktiken. Das »Peinliche« (so Cornum) an solchen Wechselbeziehungen müsse nicht einfach verurteilt werden; stattdessen seien sie verheißungsvoll. Cornum fragt sich, ob im 21. Jahrhundert »eine so breite Perspektive wie das kommunistische Denken diese einzelnen Wechselwirkungen zukunftsgewandt fokussieren« könnte.[18] Wie Cornum hoffe ich, dass sich nichtindigene und indigene Kommunist:innen heute gemeinsam in die Richtung einer Art kollektiven Abrechnung mit diesem Erbe der ausradierten und neu erfundenen Verwandtschaft bewegen können, um eine geteilte Sprache der *Familien-Abschaffung als dekoloniale Notwendigkeit* zu entwickeln.

Menschen, die gerade aus der Besitzsklaverei in den USA

befreit wurden, verfolgten ebenfalls heterogene, antiproprietäre Versionen der Verwandtschaft. Vor dem Bürgerkrieg entwickelten sich vielfältige versteckte romantische und sexuelle Verhaltensregeln unter den gefangenen Arbeiter:innen, die ihren afrikanischen Gemeinschaften geraubt (oder den Geraubten geboren) und über die »Middle Passage« über den Atlantik transportiert worden waren.[19] Dazu gehörten zum Beispiel nichtmonogame und lose Ehen, die der Betreuung von »sweetheart children« gewidmet waren. Sklavenhalter vergewaltigten und schwängerten die versklavten Menschen systematisch, begingen Ehebruch und lebten in unehelicher Partnerschaft – ausgerechnet während sie als Pioniere der Neuen Welt doch gerade vermeintlich menschliche – also *weiße* – Werte wie Sparsamkeit, Fleiß und eine lebenslange, monogame, biologisch fruchtbare Ehe, die auf vererbbare Eigentumsakkumulation ausgerichtet war, vorführen sollten. Währenddessen war es für die Menschen, die sie auf künstlichem Weg »verwandtschaftslos« gemacht hatten, manchmal wünschenswert, untereinander gegenfamiliäre, solidarische und verbindungsbasierte Praktiken auszuüben (*family is as family does* – Familie ist, wer als Familie handelt): sich mütterlich um junge Menschen zu kümmern, die zufällig zum Haushalt desselben Sklavenhalters gehören; Behauptungen über biologische Vaterschaft nach Bedarf zu formulieren und zu revidieren; eine Ehefrau oder einen Ehemann dem ehemaligen Partner beziehungsweise der Partnerin »zurückzugeben«, wenn die Umstände es erlaubten, und so weiter. Solche Bräuche bereiteten den Boden für die dauerhafte Tradition der Schwarzen Verwandtschaftsstrukturen jenseits der Kernfamilie sowie des »Polymaternalismus«, den Wissenschaftler:innen von Cathy Cohen bis Alexis Pauline Gumbs als strukturell queer beschrieben haben.[20]

Jenseits der Mutterschaft – und sogar jenseits der *Weiblichkeit*, wie sie in den Gesetzen und der Wissenschaft der White Supremacy definiert war – als Mutter zu handeln, wurde zu einer kollektiven Kunst. Obwohl sie aus der Not und zum Zweck des Überlebens geboren wurde, brachte sie nichtsdestotrotz bewusst abolitionistisches Begehren und alternative Visionen der sozialen Reproduktion zum Ausdruck. Hier soll nicht etwa romantisiert werden: Im Kontext der Sklaverei war die Konsequenz solidarischer Mutterschaft manchmal die brutalisierende, herzzerreißende Weigerung, versklavtes Leben zu reproduzieren. Zum Beispiel fanden schwangere karibische Gefangene in der Kräutermedizin geheime Methoden, um die Herstellung neuer menschlicher Handelswaren zu verhindern oder sie auszulöschen, sobald sie geboren wurden.[21] Generell sahen sich gehandelte Menschen, jung wie alt, gezwungen, ihre Beziehungen zueinander so zu gestalten, dass sie lange Zeiträume plötzlicher Trennung überstehen konnten. Verwandtschaft zu pflegen war also eine Form der *Marronage* (sich davonzustehlen und eigene »maroon«-Gemeinschaften zu bilden) – ein sich Davonstehlen des verwandtschaftsvollen, verwandten Selbst eines gefangenen Menschen. Es ist deswegen keine Überraschung, dass sich die befreiten Männer, Frauen und Kinder nach der Reconstruction meistens nicht sofort ins Familienleben stürzten.

Historiker:innen haben festgestellt, dass die frisch emanzipierten Amerikaner:innen »vielfältige Beziehungen und Familienstrukturen« aufrechterhielten, die »weiter reichten als diejenigen ihrer *weißen* Zeitgenoss:innen auf Bauernhöfen oder in Fabriken«.[22] Aus der Perspektive des Staats hieß das, dass zu viele befreite Menschen immer noch dazu tendierten, promiskuös oder in wilder Ehe zu leben, ihre Kinder nichtmonogam zu erziehen und eine bedenklich entspannte Haltung zur Bedeutung der Ehe einzunehmen. Die befreite Bevölkerung erregte Besorgnis, indem sie es »versäumte«, Zugang zum Lohn der privaten Familialität zu beanspruchen. Das bewegte zahlreiche Sozialarbeiter:innen, Pfarrer, Polizisten und Gesetzgeber dazu, den Ehestand aggressiv anzuordnen und damit anzufangen, afroamerikanische »Verstöße« gegen den ehelichen Anstand strafrechtlich zu verfolgen.[23] Dieselben Akteur:innen waren bis dahin unsicher gewesen, ob sie eine eheliche Schwarze (oder auch indigene, lateinamerikanische oder chinesische) Familie überhaupt zulassen wollten, weil sie befürchteten, dass sie den Gen-Pool der Nation negativ beeinträchtigen könnte. Allerdings bereitete diese Überwachung des Schwarzen Ehebetts durch den amerikanischen Staat den Boden für die »Mann-im-Haus-Regel« (»man-in-the-house rule«) der Sozialbeamt:innen im 20. Jahrhundert, die jeder Mutter, die mit einem Mann »lebte« (und sei es nur für ein paar Stunden), Sozialleistungen verwehrte, falls sie dabei erwischt wurde.[24] Das Gesetz besagte, dass, wenn eine Schwarze Frau einen Mann jeglicher Art »im Haus« hatte, dieser Mann – und nicht der Staat – den Kindesunterhalt bezahlen sollte.

Die Autor:innen, die sich kritisch mit den Archiven abolitionistischer Sorgearbeit, Liebe und sexueller oder geschlechtlicher Selbstverwirklichung auseinandergesetzt haben, haben eine Fülle rebellischer Abweichungen und antigenealogischer Flüchtigkeiten entdeckt: verschiedenste Methoden, den privaten Kernhaushalt zu negieren, zu vereiteln, zu ignorieren und / oder zu provinzialisieren. In ihrem Buch *Aufsässige Leben, schöne Experimente. Von rebellischen schwarzen Mädhen, schwierigen Frauen und radikalen Queers*[25] belegt Saidiya Hartman ab dem späten 19. Jahrhundert kriminalisierte »unverheiratete Mütter, die Kinder großzogen; gleichgeschlechtliche Haushalte; weibliche Hauptverdienerinnen; Familien, die aus Geschwistern, Tanten und Kindern bestanden«, Sexarbeiter:innen, Gefängnissaboteur:innen, Kampflesben und vieles mehr. Hartman widersetzt sich jedoch der Versuchung, das »aufsässige« Leben der bestraften, unfreien und unterdrückten Frauen der Jahrhundertwende zu romantisieren, selbst wenn sie ihre Experimente mit dem Widerstand gegen die Anständigkeit *schön* nennt. Aus ihrer Sicht leuchten die Großzügigkeit und wechselseitige Solidarität aus diesen verschiedenen Lebensformen auf, die ich für Ausprägungen einer Familien-Abschaffung-von-unten halte. »Hier sehen wir, wie die Arbeiterfamilie abgeschafft wird, ohne dass sie auf naturalisierte Art erneut verankert wird«, wie M. E. O'Brien in Bezug auf ein ähnliches Archiv anerkennend schreibt.[26]

Die Epoche des Kommunistischen Manifests

Auch wenn manche Sozialist:innen etwas anderes behaupten, ist die Familien-Abschaffung orthodoxer Marxismus. Laut den heiligen Vätern der proletarischen Revolution fordert der Kommunismus die »Abschaffung des Erbrechts«.[27] Anders als manche anderen revolutionären Philosoph:innen ihrer Zeit – insbesondere Proudhon und Bakunin – sprachen sich

Karl Marx und Friedrich Engels ab 1844 völlig gegen die Familie aus. Wie wir gesehen haben, waren sie keinesfalls die Urheber dieser Politik. Neben Fourier befürworteten »libertäre« Kommunist:innen wie Joseph Déjacque in Frankreich »die Abschaffung der Familie, der Familie, die auf der Ehe und auf der Autorität des Vaters und des Gatten basiert ist ... Die Frauenemanzipation, die Kinderemanzipation.«[28] Zur selben Zeit propagierte der walisische Sozialist und Philanthrop Robert Owen in Manchester, England, und Lanark, Schottland, die Familien-Abschaffung auf der Grundlage eines »kooperativen« Modells basierend auf der Gruppenehe.[29] Marx und Engels näherten sich ihrer familiengegnerischen Haltung schrittweise an. Leider litt ihr Ansatz unter denselben Schwächen wie die genannten anderen Analysen, da Überlegungen zur Rolle der Sklaverei, die die Familie gleichzeitig zerstörte und sie ihren Opfern aufzwang, nicht von Relevanz waren. Eher lässt sich die Haltung der beiden (unter anderem) explizit auf Marx' Zeit in Paris und seine Auseinandersetzung mit Fourier zurückführen.[30]

Marx und Engels standen Fouriers Gesamtprojekt (sowie allen utopischen sozialistischen und anarchistischen Projekten) äußerst kritisch gegenüber. Nichtsdestotrotz steht in der allerersten Fußnote in *Die deutsche Ideologie* Folgendes: »Daß die Aufhebung der getrennten Wirtschaft von der Aufhebung der Familie nicht zu trennen ist, versteht sich von selbst.«[31] So selbstverständlich es auch gewesen sein mag: Die Familien-Abschaffung wurde ins Kommunistische Manifest aufgenommen. Bekannterweise ist sie »diese schändliche Absicht der Kommunisten«, über die sich selbst »die Radikalsten ereifern«.[32] In dieser Passage verspotten Marx und Engels die »bürgerlichen Redensarten über Familie und Erziehung, über das traute Verhältniß von Eltern und Kindern« und behaupten, dass die herrschende Klasse die Familie »auf ein reines Geldverhältniß zurückgeführt« und »dem Familienverhältniß seinen rührend-sentimentalen Schleier abgerissen« hat. Eine weit verbreitete Fehldeutung dieser Textstelle beharrt darauf, dass Marx und Engels den Prozess des »Zurückführens« und »Entschleierns« rückgängig machen wollen. Folgt man dieser Interpretation, merken die beiden Autoren lediglich an, dass der Kapitalismus die Familie im Grunde schon abgeschafft hat, und *verteidigen* sich sogar gegen die falsche Anschuldigung, sie würden diese Aufgabe noch zu Ende bringen wollen!

In Wirklichkeit waren es nicht nur die Familien der Bourgeoisie, die Marx und Engels abschaffen wollten. Sie fanden es grauenvoll, dass die kapitalistische Akkumulation die proletarische Verwandtschaft so unerbittlich untergrub, zersetzte und fragmentierte. Nichtsdestotrotz, erklärten sie, war die Familie des männlichen Brotverdieners, die große Teile der Arbeiterklasse *anstrebten*, der Form nach eindeutig bürgerlich. Sie war einer der drei miteinander verbundenen Feinde des Kommunismus, zu denen die beiden die Religion, die Familie und den Staat zählten. Sie kritisierten sogar ihren Genossen Hermann Kriege, weil er nicht für die Eliminierung der Familie plädierte. In seiner Schrift *Ökonomische-philosophische Manuskripte aus dem Jahre 1844* stellt sich Marx an einer berührenden Stelle vor, wie die »positive Aufhebung des *Privateigentums* … die Rückkehr des Menschen aus Religion, Familie, Staat etc. in sein *menschliches*, d.h. *gesellschaftliches* Dasein« bedeuten würde.[33]

Nach Marx heißt die kollektive »Rückkehr« in unser menschliches, das heißt gesellschaftliches Dasein, dass wir die Natur transzendieren und gleichzeitig aus den Institutionen der Ordnung hinaustreten. Weder will er sagen, dass die Familie natürlich ist (und dass das Natürliche schlecht ist), noch, dass die Familie nichts Natürliches an sich hat (und dass das Unnatürliche schlecht ist). Stattdessen behauptet er, dass nichts an *uns* unveränderlich *natürlich oder unnatürlich* ist. Die Haltung von Marx und Engels – die in dieser Hinsicht viel besser auf das »dialektische« Verhältnis zwischen Natur und Kultur abgestimmt ist als Fouriers Ansatz – war »eine entscheidende Abweichung vom Naturalismus ihrer Vorgänger:innen« – so Richard Weikart. »Auch wenn es eine natürliche Bindung zwischen Eltern und Kindern gäbe«, wäre eine kommunistische Gesellschaft »nicht auf eine solche Bindung eingestellt. Kein Zwang würde die Beziehungen stören. Theoretisch wäre also jede sexuelle Beziehung in gegenseitigem Einvernehmen möglich. Was *nicht* möglich wäre, wäre die Sicherheit einer lebenslangen Ehe. Diese sexuelle Beziehung könnte nicht gewählt werden.«[34]

Um diese postfamiliäre kommunistische Gesellschaft zu verwirklichen, schlägt das kommunistische Manifest vor, »an die Stelle der häuslichen Erziehung die gesellschaftliche [zu] setzen«.[35] Für einige heutige Marxist:innen – insbesondere Jules Joanne Gleeson und Kate Doyle Griffiths in ihrem 2015 erschienenen Text »Kinderkommunismus: A Feminist Analysis of the 21st Century Family and a Communist Proposal for its Abolition« – sind die Mittel, um diese gesellschaftliche Erziehung durchzusetzen, notwendigerweise »Zwangsmaßnahmen«, auch wenn es ein zentrales Ziel dieser Erziehung ist, »den Zwang zu zerstören«. Die Institution, die laut diesen Autorinnen gebraucht wird, ist eine obligatorische generationenübergreifende revolutionäre Kinderkrippe: »Eine libertäre Erziehung gibt es nicht. Im Moment lernen Kinder von ihren Eltern und anderen Betreuer:innen, die unter kapitalistischen Bedingungen leben, Verzweiflung zu fühlen und sich dem Kapitalismus anzupassen. Die Kinderkrippe wäre eine kommunistische Institution, die die Kinder stattdessen dazu antreiben würde, sich selbst in das Gesicht einer neuen Gesellschaft zu verwandeln.«[36] Andere – in diesem Fall China Miéville – behaupten, dass es »bei der Forderung nach gesellschaftlicher Erziehung statt privatisierter und familiärer Erziehung nicht um Indoktrination [gehe], sondern darum, gegen die Doktrinen der herrschenden Klasse zurückzuschlagen«.[37] Beide Haltungen leuchten mir ein. Ich frage mich, ob es sein könnte, dass es in der Epoche des Kommunistischen Manifests, als sozialistische Texte ein nicht unerhebliches Publikum erreichten, ein weit verbreitetes Interesse an einer bestimmten Art von kollektiver *Selbst*indoktrination gab: einen Wunsch, als Selbst völlig neu gemacht zu werden, jenseits der bürgerlichen Familiengeschichte.

Alexandra Kollontai und der frühe bolschewistische Utopismus

In dem 1920 erschienenen Text *Die Familie und der kommunistische Staat* konkretisiert die sowjetische Familien-Abolitionistin Alexandra Kollontai die Aussicht auf ein postfamiliales Leben bei Marx und Engels: »[S]chrittweise wird [der

Staat] alle jene Aufgaben übernehmen, die früher Sache der Eltern waren.«[38] Hoffnungsvoll geht sie davon aus, dass die Verpflichtungen der Eltern gegenüber ihren Kindern langsam dahinwelken werden, bis schließlich die Gesellschaft die volle Verantwortung übernimmt. Mit einfühlsamen Worten versichert Kollontai ihren Leser:innen mehrmals, dass sie sich »nicht zu ängstigen« brauchen:

> »Ausreichender Unterhalt und sorgfältige Pflege sind Mutter und Kind sicher im kommunistischen Staatswesen, im Arbeiterstaate, angefangen von dem Augenblicke der Geburt des Kindes. Das Kind wird ernährt, es wird auferzogen, es wird unterrichtet werden dank der Vorsorge seines kommunistischen Vaterlandes; keinesfalls aber wird es dieses Vaterland versuchen, das Kind jenen Eltern zu entziehen, welche an der Erziehung ihres kleinen Sprößlings teilhaben wollen. Die kommunistische Gesellschaft will alle Pflichten auf sich nehmen, die die Erziehung des Kindes mit sich bringt, aber die Vaterfreuden, die mütterliche Genugtuung – all dies soll keineswegs jenen entzogen werden, welche diese Freuden zu schätzen und zu begreifen wissen. Kann dies eine Zerstörung der Familie durch Gewaltmittel genannt werden? Oder eine gewaltsame Trennung von Mutter und Kind?«

Allerdings verlangt Kollontai etwas Großartiges von den »arbeitenden Frauen«, die hier adressiert werden. »Die Arbeitermutter [...] wird sich zu jener Höhe erheben, wo es keinen Unterschied mehr gibt zwischen deinen und meinen Kindern«, erklärt sie; »sie wird bloß daran denken, dass es *unsere*, die Kinder des kommunistischen Staates sind.« Kollontai stellt sich also einen planetarischen Aufstand der *roten Liebe* vor, »eine soziale Liebe: eine Liebe zu vielen in vielfältiger Weise«.[39]

Genossin Alexandra wurde 1872 in einem liberalen adligen Haushalt in Sankt Petersburg geboren. Bereits mit Anfang zwanzig half sie, Streiks unter Textilarbeiter:innen zu organisieren.[40] Um ihrer Familie zu entkommen, heiratete sie im Jahre 1893 einen Herrn Kollontai. Fünf Jahre später verließ sie ihn und ihr gemeinsames Kind, um in Zürich den Marxismus zu studieren (dort hatten Frauen nämlich Zugang zur universitären Lehre). Sie wurde zu einer Expertin für den finnischen Klassenkampf. 1908 begann eine erste Periode des Exils. Die zaristische Regierung hatte einen Haftbefehl erlassen, nachdem Kollontai mit ihrer Fraktion der Sozialdemokratischen Arbeiterpartei zehn Jahre lang die internationale Revolution der Arbeiter – und besonders der Arbeiterinnen – propagiert hatte. Sie setzte sich in ganz Europa gegen den Ersten Weltkrieg ein. 1915 bereiste sie sogar die Vereinigten Staaten. Auch wenn sie nach jedem vernünftigen Maßstab Feministin war, gab sie immer eindeutig zu verstehen, dass sie sich nicht als Feministin verstand, weil das Wort »Feministin« in ihrem Milieu für das klassengebundene Selbstinteresse der Damen stand (also lediglich bürgerlich-individueller *suffragism* beziehungsweise Aktivismus für das Frauenwahlrecht). In ihren Streitschriften *Die sozialen Grundlagen der Frauenfrage* und *Liebe und die neue Moral* versteht sie die Familie als Arbeitsverteilung und die Sexualität als Kameradschaft – ein Konzept, das später in der Formulierung »geflügelter Eros« Ausdruck fand. In ihrem *Brief an die arbeitende Jugend*, der sich mit dem Entwurf dieses neuen erotischen Ideals befasst, prangerte sie die Zweisamkeit an: »Die bürgerliche Moral forderte: alles für den geliebten Menschen. Die proletarische Moral schreibt dagegen vor: alles für das Kollektiv.«[41]

Der Sturz des Zaren im Februar 1917 ermöglichte ihr die Rückkehr nach Russland, damit sie – wer weiß! – eine erotische Revolution und die positiven Aufhebung der Familie voranbringen könnte. Nachdem sie den Bolschewik:innen beigetreten war, gehörte Kollontai zum Zentralkomitee der Partei und war an der Strategie beteiligt, die den Weg zur Oktoberrevolution ebnete. Danach half sie, einen Gesetzesentwurf über die Ehe zu formulieren, der es Frauen ermöglichte, sich auch ohne die Erlaubnis ihres Ehemanns scheiden zu lassen und Unterhaltszahlungen zu erhalten. Als sie fünfundvierzig Jahre alt und geschieden war und eine Entwicklung von möglicherweise globalem Ausmaß mitsteuerte, verschwand sie und tauchte einige Zeit später als Ehefrau eines siebzehn Jahre jüngeren Matrosen wieder auf (Pawel Dybenko, der 1938 unter Stalin hingerichtet wurde). Kollontai war eine treibende Kraft, ein Sprachgenie und eine Philosophin. Sie schrieb viele wunderbare Reden zum Thema Sex, Liebe, Krieg, Kinderfürsorge und Elternschaft sowie zum Zusammenhang zwischen Geschlecht und Klasse. Sie reiste ständig zu unzähligen Kongressen, während sie gleichzeitig Propagandaromane über die komplizierte sexuelle Psychologie der »Neuen Frau« schrieb *(Die rote Liebe, Die große Liebe, Die Liebe der fleißigen Bienen)*. Ihre Hoffnung bezüglich der menschlichen Sexualität fasste sie mit der Metapher eines Wasserglases zusammen, der Hypothese, dass Sex in den Augen der Gesellschaft künftig so reichlich vorhanden wäre und als so notwendig – aber auch so *belanglos* – gelten würde wie das Trinken eines Glases Wasser.

Das Buch *Autobiographie einer sexuell emanzipierten Kommunistin* (1926) macht deutlich, dass Kollontai die Unterstützung der Partei für ihre Agenda der Emanzipierung der Sexualität von der Reproduktion, der gleichen Entlohnung für Männer und Frauen, kostenloser Kitas und der Familien-Abschaffung fehlte: Insbesondere ihre »Anstrengungen, die Mutterschutz- und die Säuglingsfürsorge zu verstaatlichen«, führten zu »törichten Angriffen« gegen sie.[42] Nichtsdestotrotz gelang es Kollontai für einen kurzen Moment, die Politik der proletarischen reproduktiven Emanzipation – für die auch Aktivistinnen wie Inessa Armand und Clara Zetkin eintraten – auf Lenins Schreibtisch zu bringen. Für einen kurzen Moment war Alexandra – bevor sie in einem links-kommunistischen Protest gegen die Ratifizierung des Vertrags von Brest-Litowsk, durch den Finnland den Weißen übertragen wurde, zurücktrat – immerhin die Volkskommissarin für Soziale Fürsorge in der ersten sowjetischen Regierung. Ihre wichtigste Errungenschaft war die Gründung des Zhenotdel, der Frauenabteilung der Partei, im Jahre 1918 gemeinsam mit Inessa Armand. Der Zhenotdel legalisierte die Abtreibung, leitete aber auch den verkehrten Versuch ein, muslimische Frauen von ihren Burkas zu befreien.

Anders als Fourier und Marx (aber ähnlich wie die meisten Marxist:innen ihrer Zeit) betrachtete Kollontai die Arbeit als Schlüssel zur Emanzipation und die Arbeiter:innen als das Subjekt des Postkapitalismus. Arbeit, Arbeit und noch mehr (revolutionäre) Arbeit hätte den Großteil ihres eigenen weiblichen Lebens beanspruchen sollen, klagte sie in ihrer Autobiographie – und nicht die ganze verdammt sinnlose Liebe. Produktive Arbeit, nicht Sorgearbeit, sollte laut Kollontai die

Lebensaufgabe der Frauen sein. Die Sozialisierung der Sorgearbeit ist immer die notwendige Bedingung für den Sozialismus; nach Kollontai liegt das aber daran, dass die Arbeit und nicht die Sorgearbeit letztlich Geschichte macht.

Von 1921 bis 1922 gehörte Kollontai zur antiautoritären Arbeiteropposition, einer abweichenden Fraktion innerhalb der Partei, und unterschrieb mutig den sogenannten Brief der Zweiundzwanzig (der sich ebenfalls gegen die Verankerung einer despotischen Führung wehren wollte). So wurde sie Mitte der 1920er Jahre unter dem Vorwand jahrzehntelanger diplomatischer Posten in Übersee, unter anderem in Mexiko, erneut ins Exil geschickt – diesmal von der revolutionären UdSSR, die sie mitgestaltet hatte. Tragischerweise gab Alexandra Kollontai scheinbar ihre syndikalistischen, befreiungsfokussierten Überzeugungen auf und diente Stalin für den Rest ihres Lebens aus der Ferne, selbst als er die antikommunistischsten (sowie auch geschlechtskonservativen und patriarchalen) Strukturen der sozialen Ordnung wiederherstellte. Nie kritisierte sie Stalin in der Öffentlichkeit. 1952 starb sie in Russland. Ihre Kapitulationen sind nicht zu übersehen; trotzdem können wir uns darüber freuen, dass die UdSSR auf der Weltbühne jahrzehntelang nicht nur *von einer der ersten Frauen vertreten wurde, die jemals Diplomatenstatus erhielt* (eine Tatsache, die in Geschichten des Girl-Boss nie aufzutauchen scheint), sondern dazu auch noch von einer glamourösen »high femme«, einer freidenkenden Familien-Abolistin. Auch wenn Kollontais Phantasie der »roten Liebe« das Gefüge der Lohnarbeit und seine Vereinbarkeit mit der menschlichen Natur unzureichend in Frage stellte, inspirieren ihre proletarische Politik der sexuellen Emanzipation und ihre »verdorbene« persönliche Lebensweise bis heute Millionen Menschen auf der ganzen Welt. Auch wenn sie in den Medien und – beschämenderweise – von der eigenen Partei auf brutalste Art in den Schmutz gezogen wurde: Hundert Jahre später wird ihr Name unter sexpositiven Roten überall verehrt.

2020 erschien *Red Love: A Reader on Alexandra Kollontai*, ein dicker Sammelband mit neo-Kollontai'schen Manifesten, Briefen, Kampfmeldungen, Interviews, Theaterstücken und Essays.[43] Im selben Jahr veröffentlichte die spanische Künstlerin Dora García *Love With Obstacles* (Originaltitel: *Amor Rojo*), eine Textsammlung, die ihre kollaborative Forschung über das Leben und Vermächtnis von Kollontai präsentiert und ihren Film mit demselben Titel begleiten soll.[44] Ich lernte Garcías Archiv und ihre filmische Auseinandersetzung mit der »roten Liebe« im Jahre 2022 in Brooklyn kennen: Im Rahmen ihrer Ausstellung zu Kollontai *(»Revolution, Fulfill Your Promise!«)* bot ich zusammen mit der trans Revolutionärin M. E. O'Brien Workshops an. Die Verbindungen, die García herstellt – zwischen dem Engagement der Bolschewikin für die Familien-Abschaffung, Transfeminismen im heutigen Mexiko und Straßenmilitanz zur Verteidigung der Abtreibung –, rührten mich zu Tränen.[45] Diese ganzen Anthologien und bewegten Bilder deuten an, dass wir nie wissen werden, wie Kollontai an der russischen innenpolitischen Front zusammen mit ihren Genoss:innen die bürgerliche Liebe in den »geflügelten Eros« und die »Liebe als Kameradschaft« hätte verwandeln können, wenn die Konterrevolution nicht gesiegt hätte. Denn wir müssen uns bewusst machen, dass Kollontais Einsatz für die Familien-Abschaffung von anderen Bolschewik:innen aktiv behindert wurden. Michael Hardt erzählt:

> »Vor dem achten Parteikongress im Jahre 1919 entwarf Kollontai einen Änderungsantrag, um explizit festzustellen, dass die Familie dahinwelken würde. Doch Lenin, auch wenn er ihren Zielen wohlgesinnt war, behauptete, die richtige Zeit sei noch nicht gekommen: ›In der Tat müssen wir‹, soll er erwidert haben, ›die Familie retten‹.«[46]

Shulamith Firestone, revolutionärer Feminismus und die Grenzen des Kibbuz

Im Laufe der Geschichte ist *die Rettung der Familie* die Mission erstaunlich vieler Feminist:innen gewesen – was zum Teil auch dazu geführt hat, dass Kollontai (die sich, wie gesagt, nicht als Feministin verstand) oft Bewegungen mied, die sich für Feminismen hielten. Wir überspringen nun fast fünfzig Jahre und reisen von Leningrad zur Lower East Side, um die jüdische New Yorkerin, Graduierte der Kunstschule in Chicago und messianische Feministin Shulamith Firestone kennenzulernen, die ihr urkomisches, spannendes und doch dicht philosophisches freudianisches-reichianisches-marxistisches-engelsisches-beauvoirisches Manifest für die Familien-Abschaffung, das 1970 veröffentlicht wurde, bereits im Alter von 24 Jahren verfasste.[47]

Seltsamerweise wird Kollontai in diesem Manifest nie namentlich erwähnt. Allerdings weist die Autorin darauf hin – leider ohne diesen Punkt weiter auszuführen –, dass »[d]ie russische Revolution versagt [hat], eine klassenlose Gesellschaft zu schaffen, weil sie nur einen halbherzigen Versuch gemacht hat, die Familie und die sexuelle Unterdrückung abzuschaffen«.[48] Auf der Suche nach Anhaltspunkten, um diese gescheiterte Eliminierung fortzusetzen, reiste Shulie Firestone nach Israel, um das Leben auf einem sozialistischen Kibbuz zu untersuchen. Sie studierte das Buch *Geschichte der Kindheit* von Philippe Ariès, eine umstrittene Geschichte der Erfindung des Kindes, und erforschte die internationale Bewegung für »freie Schulen« beziehungsweise »unschooling« im breiteren Sinne, besonders den »radikalen Ansatz zur Kindererziehung«, den A. S. Neill in Summerhill, seiner schulgeldpflichtigen Pseudokommune für Kinder im englischen Suffolk praktizierte.[49] Von ihren Erlebnissen enttäuscht, erstattete sie ihren amerikanischen Schwestern Bericht, dass die »extrem linken« Kibbuzniks in Bezug auf Sexualpolitik fast genauso konservativ und patriarchal waren, wie ihre nichtlinken Pendants und die breitere Gesellschaft. Alles in allem, folgerte sie, ist der Kibbuz »nichts anderes als eine Gemeinschaft Landwirtschaft Treibender, die momentan gezwungen sind, traditionelle Strukturen aufzugeben, um sich den besonderen nationalen Bedingungen besser anpassen zu können«.[50]

Als selbsternannte Gründerin und Theoretikerin der amerikanischen Bewegung für die Frauenemanzipation plädierte Firestone für die Abschaffung der Arbeitskraft unter einem »kybernetischen Kommunismus« und »die Verteilung der Kindererziehung auf die gesamte Gesellschaft, auf Männer und andere Kinder genauso wie auf Frauen«.[51] Die Ektogenese – der Uterus als Maschine – ist ein berüchtigter Teil dieser spekulativen Vision.[52] Doch vor allem, so Firestone, müssen Frauen Kinder und sich selbst vom kapitalistischen Patriarchat befreien, indem sie die Kontrolle über die Technologie an sich reißen, die Tyrannei der Arbeit beseitigen, die Arbeit automatisieren (auch die reproduktive Arbeit, soweit es geht) und das Inzesttabu abschütteln, damit Spiel, Liebe und Sexualität sich »ungehindert [...] entfalten« können.[53] Deswegen hätte für viele US-amerikanische Frauen kaum mehr auf dem Spiel stehen können, als die Kibbuzim (wenig überraschend) daran scheiterten, die Familie auf besetztem palästinensischen Land abzuschaffen. Wie Kathi Weeks am Anfang ihres geistreich betitelten Essays »The Most Infamous Feminist Proposal« bestätigt, wurde für kurze Zeit jene »schändliche Absicht der Kommunisten« zur Position der Frauenbefreiungsbewegung.

Ja: An seinem feurigen Höhepunkt bedeutete die Frauenemanzipation die Abschaffung der Familie. 1969 erschien Linda Gordons ausführliches Statement »Functions of the Family« in der in Eigeninitiative gedruckten Zeitschrift der US-amerikanischen Frauenbewegung, *WOMEN: A Journal of Liberation*, in dem sie die revolutionäre feministische Überzeugung skizzierte, dass »die Kernfamilie zerstört und bessere Modelle des Zusammenlebens gefunden werden müssen. Darüber hinaus muss dieser Prozess dem Sturz des Kapitalismus sowohl vorangehen als auch folgen.«[54] Im Jahr darauf erschien *The Dialectic of Sex: The Case for Feminist Revolution*. Der Text erreichte ein breites Publikum und erschütterte die Welt. Firestones Hauptwerk verurteilt fast jede »natürliche« Prämisse der amerikanischen Gesellschaft aufs Schärfste (»fast« – da das Kapitel zum Thema *race* bestürzend rassistisch ist und queere Menschen im Buch nicht erwähnt werden).[55] Es avanciert eine Zukunftsvision, in der Kinder und Erwachsene – nachdem sie den Kapitalismus, die Arbeit und den Geschlechtsunterschied eliminiert haben – in großen, nichtgenetischen Haushalten demokratisch zusammenleben. Shulie hielt den Sturz der Klasse, der Arbeit und der Märkte für Aufgaben, die selbstverständlich nötig waren und kaum verteidigt werden mussten. Was sie tatsächlich interessierte, war nichts weniger als die Abschaffung der Kultur und der Natur: angefangen bei der patriarchalen »Liebe« mit ihrer »Kultur der Romantik« auf der einen Seite und der Schwangerschaft auf der anderen.

Das Ausmaß von Shulies Ambitionen erschreckte ihre Leser:innen. Allerdings kannten die Leser:innen in den siebziger Jahren zumindest einige Kontexte, in denen sie den Aufruf, Geschlechts- und Generationsunterschiede abzuschaffen, interpretieren konnten. Zu der Zeit verurteilten fast alle Feministinnen von Kate Millett bis Toni Cade Bambara die Familie, weil sie Frauen und Kinder unterdrückte, weil sie antierotisch war und / oder weil sie auf der Vorstellung der *weißen* Vorherrschaft beruhte.[56] »Die Hauptinstitution des Patriarchats ist die Familie«, schrieb Millett 1968.[57] Auch Betty Friedan nannte den privaten Haushalt 1963 »ein komfortables Gefängnis«, bevor sie ihre Kritik an der Familie zehn Jahre später widerrief. Eine selbstverwaltete kostenlose universelle Kinderbetreuung, die rund um die Uhr, sieben Tage die Woche verfügbar wäre, war eine *gemäßigte* feministische Forderung. Wenn viele von uns heute nicht mehr wissen, dass Frauen die Abschaffung der Familie gefordert haben, liegt das daran, dass diese Forderung erst zerschlagen und dann aktiv ausradiert wurde. Schon 1981 hörte sich Cheryl Clarke (trotz ihres draufgängerischen Tons) etwas unsicher an und schien isoliert von der Massenbewegung zu sein, als sie in der berühmten Anthologie *This Bridge Called My Back* von Women of Color schrieb: »Meiner Meinung nach muss sich jede Frau, die sich Feministin nennt, für die Befreiung aller Frauen von der erzwungenen Heterosexualität einsetzen, wie sie sich in der Familie, im Staat und auf Madison Avenue manifestiert.«[58]

Seit dem kapitalistischen Sieg über die langen sechziger Jahre ist der Ruf nach Familien-Abschaffung unter einer seltsamen Scham begraben worden: Wie Weeks es formuliert, haben »Feministinnen versucht, ihn allmählich zurückzunehmen«.[59] In einem langen Beitrag für *Village Voice* mit dem Titel »The Family: Love It or Leave It« beschäftigt sich die revolutionäre Feministin Ellen Willis 1979 explizit mit diesem Phänomen, mit »der Mentalität, die Veteranen der sechziger Jahre dazu anregte, so etwas zu sagen wie ›Uns ist es nicht gelungen, die Familie abzuschaffen. Das heißt, wir haben uns geirrt – die Familie ist notwendig.‹«[60] Diese Kehrtwende machte Willis wahnsinnig: Ende der siebziger Jahre fanden sich Linke mit der Niederlage ab und verfielen massenhaft in Nostalgie. Sie romantisierten die Familie und gaben dem Kapitalismus die Schuld für deren Zusammenbruch (nachdem sie nur zehn Jahre vorher die Familie schlechtgeredet und dem Kapitalismus die Schuld für ihre Beständigkeit zugewiesen hatten). Willis stellte fest, dass es unter ihren ehemaligen Genoss:innen plötzlich nicht nur Lust auf bürgerlich-isolierte Zweisamkeit gab, sondern auch auf gedruckte Rechtfertigungen davon in Buchform. Zu den Titeln, die die Familie verteidigten, gehörte zum Beispiel *Haven in a Heartless World: The Family Besieged* (1977) vom ehemals »Neo-Marxisten« und konservativen Moralisten Christopher Lasch.

Ellen Willis argumentierte, dass der linke Impuls, sich an die Brust zu schlagen und die Niederlage zu verkünden, zwar verständlich, aber allzu bequem sei. Sie erinnerte uns, ihre Leute, daran, dass die Erfahrung des Scheiterns an sich kein guter Grund ist, die Ziele der Sechziger für falsch zu erklären: »Dass wir es nicht geschafft haben, in ein paar Jahren eine Institution zu revolutionieren, die seit tausend Jahren Bestand hat, und die neben unterdrückerischen auch noch unentbehrliche Funktionen erfüllt, sollte uns kaum überraschen oder beschämen.« Wir sollten uns also nicht schämen. Noch sollten wir überrascht sein, dass der Prozess der materiellen und konzeptuellen Niederlage, den Willis schon in der *Village Voice* dokumentierte, bevor Thatcher in Großbritannien und später Reagan in den USA an die Macht kamen, in den darauffolgenden Jahren tiefere Wurzeln schlug. Wir täten gut daran, uns das vor Augen zu halten: Egal, wie viele Stimmen – wie die von Lasch – um uns herum aufkommen, egal, wie viele faschoide (»rotbraune«) Bündnisse und pseudo-marxistische-feministische »Verteidigungen des Patriarchats«[61] – den Faden können wir immer neu aufnehmen, in eine Zündschnur verwandeln und anzünden.

Auch in der tiefsten Trostlosigkeit der achtziger Jahre bemühten sich marxistische Feministi:nnen, die Möglichkeit der Familien-Abschaffung zumindest als Konzept am Leben zu halten. 1983 stellte Lynne Segal eine Textsammlung zusammen, die sie unter dem Titel *What Is To be Done About the Family?* gemeinsam mit der Socialist Society in Großbritannien herausgab. Das Buch enthält nüchterne Überlegungen unter anderem von Mica Nava und Denise Riley zu den Widersprüchen der neoliberalen Kinderbetreuung und zum weiten Weg, der noch bevorsteht.[62] 1991 schockierten Barrett und McIntosh viele britische Linke, als sie erstens vermuteten, dass »die Fürsorge, das Teilen und die Liebe weiter verbreitet wären, wenn die Familie sie nicht für sich in Anspruch nehmen würde«,[63] und zweitens darauf hinwiesen, dass der »Familismus« der Labour Party neuerdings größer geworden war als der von Thatcher. Gemeinsam schrieben McIntosh und Barrett das Buch *The Anti-Social Family*, in dem sie ein nachhaltiges und modernes Argument für die grundsätzliche Unvereinbarkeit von Sozialismus und Familismus lieferten. »Privatisierter Kollektivismus in der Familie zehrt an den Kräften des breiteren gesellschaftlichen Kollektivismus«, legten sie akribisch dar; »je stärker die Familie sein muss, je mehr Unterstützung von ihr erwartet wird, desto schwächer werden andere unterstützende Institutionen außerhalb von ihr«.[64]

Diese Feminist:innen schwammen gegen den Strom: Die meisten ihrer Zeitgenoss:innen machten kehrt und beeilten sich, ihren erschütterten und empörten Adressat:innen zu versichern: Wir sind nicht gegen die Familie; eigentlich wollen wir mehr Familie, nicht weniger![65] Dieses feige Täuschungsmanöver ist nachvollziehbar. Manchmal habe ich mich daran selbst beteiligt. Beispielsweise war ich damit einverstanden, dass mein erstes Buch, *Full Surrogacy Now: Feminism Against Family*, als bloße Forderung nach mehr Verwandtschaft (im Sinne von »kinship«) verstanden werden könnte. Wenn »Familie« schon auf der Sprachebene als Synonym für menschliche Verbindung verstanden wird, wird jeglicher Widerspruch gegen sie als Hass auf die Liebe ausgelegt.[66] Shulie ließ sich – das muss gesagt werden – von diesem Vorwurf nicht einschüchtern. Sie war noch mehr als Kollontai vor ihr dazu bereit, »Nieder mit der Liebe«[67] – also mit der real existierenden Liebe – zu sagen und sich gleichzeitig nach einer künftigen postheterosexuellen, posthomosexuellen »gesunden Transsexualität« zu sehnen, die, wie sie vermutete, die Bedeutung des Erotischen verwandeln würde, indem sie es durch die Gesellschaft hindurch zerstreuen würde. Wie Kollontai arbeitete diese Genossin auf eine bessere, bisher undenkbare Liebe hin; eine rote Liebe. Firestone war eine Liebende. Laut den liebevollen Berichten ihrer Freund:innen liebte sie den Sex mit Männern sehr. Allerdings werden unter den gegebenen historischen Bedingungen alle, die für die Liebe kämpfen, zwangsläufig zu Hassenden. Gemeinsam mit anderen Aktivist:innen sabotierte Shulie Hochzeitsmessen und stürmte Schönheitswettbewerbe. Sie sprach sich mit voller Ernsthaftigkeit für die taktische Möglichkeit eines »Lächelstreiks« aus, weil »[d]as Lächeln [des Kindes / der Frau] die Einwilligung des Opfers in seine Unterdrückung [zeigt]«.[68] »Ihre Kritiker:innen«, bemerkt Susan Faludi trocken, »warfen ihr mörderische Tendenzen vor«.[69]

Unsere utopische spaßverderbende Vorfahrin war nicht nur die Herausgeberin der kurzlebigen, selbst veröffentlichten militanten (und millenarischen) Zeitschrift *Notes*, sie war auch Mitgründerin mehrerer revolutionären Gruppen. Die New York Radical Women, die Redstockings und die New York Radical Feminists führten manchmal direkte Aktionen durch, die zum Beispiel auf die Redaktion des *Ladies' Home Journal* abzielten: Shulie zerfetzte Exemplare der Zeitschrift vor der Nase des Chefredakteurs. So kurzlebig diese Gruppierungen auch waren, sie veränderten das Leben zahlreicher Frauen für immer. Tragischerweise kehrte Firestone der politischen Welt jedoch direkt nach der Veröffentlichung der *Dialectic* den Rücken zu. Manchen Berichten zufolge gelangte sie zu der Überzeugung, dass der Feminismus »ihr Leben zerstört« hatte.[70] Ihr zweites großes Buch, das »die Fundamente für eine neue, starke Frauenkunst legen« sollte, »mit dem Potenzial, unsere Kulturdefinition grundlegend zu verändern«, ist nie erschienen. 1998 wurde endlich ein Nachfolgetext veröffentlicht: *Airless Spaces*, eine winzige, fragmentarische Geschichtensammlung über die psychiatrische Inhaftierung von Shulamith und anderen Insass:innen.[71] 2012 starb Shulie allein in ihrer Wohnung. Abertausende ihrer ehemaligen Mitstreiter:innen versammelten sich auf Gedenkfeiern und erinnerten sich daran, wie unmöglich sie in jedem Sinne des Wortes war.[72] Auch die, die sie nicht wirklich leiden konnten, legten ein leidenschaftliches Zeugnis ab: Shulamith Firestone veränderte die Welt.

Die Schwulen- und Lesbenemanzipation – und die Kinderemanzipation

Es gibt wenige verpasste Chancen, die mich mehr frustrieren als der Umstand, dass Shulie und ihre Bewegung sich weder theoretisch noch praktisch mit der Schwulenemanzipation verbündeten, diesem aufblühenden parallelen Aufstand, der sich für die ökonomische, sexuelle und genderbezogene Freiheit junger Menschen einsetzte und den privaten Kernhaushalt »von außen« attackierte, wie schwule Aktivist:innen es oft formulierten. Möglichkeiten für Solidarität und Zusammenwirken gegen die Familie waren doch sicherlich schon seit den ersten Jahren des 20. Jahrhunderts aufgekommen. Die euroamerikanische Familie produzierte ständig zahlreiche Geflüchtete: Mädchen und Frauen, die vor Vergewaltigung, Missbrauch, Körperverletzung oder einfach vor der Ehe flohen, homosexuelle, trans oder intersexuelle Jugendliche, die von den Eltern auf die Straße geworfen wurden. Hätten die Familien-Abolist:innen in der Schwulenbewegung dauerhaft mit den Familien-Abolist:innen in der Frauenbewegung und der Black-Power-Bewegung zusammengearbeitet, hätte – so scheint mir – das von Lesben geprägte Prinzip des Mutterseins als Praxis (»mothering against motherhood«, Adrienne Rich)[73] neue Wirksamkeit für die Abschaffung des Genders und des *Weiß*seins gewinnen können. Nach Stand der Dinge haben wir größtenteils unzusammenhängende Genealogien der Versuche unterschiedlicher unterdrückter Gruppen, zu »lernen, uns selbst zu bemuttern« (wie Audre Lorde später schrieb).[74] Der Queer-Historiker Michael Bronski formuliert es so: »In der schwulen Szenensprache der fünfziger und sechziger Jahre nannte man einen älteren schwulen Mann ›Mutter‹, wenn er die Aufgabe übernahm, frisch ge-outete junge Männer anzuleiten oder zu beraten.«[75] Allerdings nahm die Beliebtheit einer positiven (geschweige denn utopischen) Theorie des *motherings* durch alle Geschlechter ab, als der schwule Aktivismus sich später gezwungen sah, auf den katastrophalen Ausnahmezustand, die gemeinschaftliche Notsituation und den Mangel an Hospizarbeit zu reagieren, die die AIDS-Krise konstituierten.[76]

Offiziell wurde die Schwulenemanzipation im August 1966 in Compton's Cafeteria, San Francisco losgetreten, als Dragqueens und trans Frauen, die einer Gruppe namens Vanguard nahestanden, einen Aufstand gegen die Polizei starteten, die sie systematisch verfolgte und verprügelte.[77] Mit dem Aufruhr gegen die Polizei im Stonewall Inn in New York im Juni 1969 wurde die Bewegung global. 1970 gründeten die Stonewall-Veteran:innen und Kämpfer:innen der Schwulenbewegung Sylvia Rivera, Marsha P. Johnson, Bambi L'Amour, Bebe Scarpi und andere die Street Transvestite Action Revolutionaries (STAR). Mit Hilfe eines Mafia-Bekannten, der Immobilienkontakte hatte, organisierten sie eine Benefizveranstaltung und gründeten die trans Kommune STAR House im East Village. Dort nahmen die älteren transfemininen Sexarbeiter:innen zu Dutzenden neuere Flüchtlinge aus heteropatriarchalen Familien auf, etablierten »Gay Power« und retteten vielen transfemininen und/oder queeren Jugendlichen das Leben. Sie waren die Mütter dieser jungen Menschen, die sie ihre »Kids« nannten.[78] Zur gleichen Zeit schrieb Carl Wittman, ein Aktivist für Students for a Democratic Society, in San Francisco das Schwulenmanifest »Refugees from Amerika: A Gay Manifesto«, in dem er Schwule dazu aufrief, mehr als nur »Schwulenghettos« anzustreben, und die Entstehung der »Kommunen für die Schwulenbefreiung« lobte: »Wir müssen uns selbst regieren, unsere eigenen Institutionen gründen, uns selbst verteidigen und die dadurch gewonnene Energie einsetzen, um unser Leben zu verbessern.«[79] Da sie von Expert:innen pathologisiert (und sogar psychiatrisch gefoltert und eingesperrt) wurden, stürzten sich schwule und lesbische Aktivist:innen in Bewegungen wie »mad pride«, Patient:innenbefreiung und »Anti-Psychiatrie«. Eine Konferenz mit dem Titel »Schizo-Culture« vereinigte Queers mit neurodivergenten »Verrückten«, die gemeinsam die Macht der Eltern und der Ärzt:innen in Frage stellten.[80]

Während trans Sexarbeiterinnen of Color in prekären Wohnsituationen Überlebenstechnologien in den Zwischenräumen und an den Rändern einer homophoben und rassistischen Gesellschaft aufbauten, wurden ihre immanenten Theorien der Schwulenbefreiung global. 1971 gab die neugegründete Front Homosexuel d'Action Révolutionnaire in Frankreich ein Kommuniqué heraus, das ihre Absicht erklärte, »die patriarchale Familie zu sprengen«.[81] Im selben Jahr arbeitete die Gay Liberation Front in London ihr Manifest aus. »Unsere ganze Gesellschaft ist um die patriarchale Familie aufgebaut«, schrieben die GLF-Aktivist:innen in ihrer Analyse:

> »In der Blaupause steht ›Wir zwei gegen die Welt‹, und das kann Schutz und Geborgenheit bieten. Es kann aber auch einengend sein ... Einzeln oder in Paaren isoliert sind wir schwach – und genau das will die Gesellschaft. Die Gesellschaft kann uns nicht so leicht herabziehen, wenn wir miteinander verschmelzen. Wir müssen uns verbünden, einander verstehen, zusammenleben. ... Unsere schwulen Kommunen und Kollektive müssen [aber] nicht bloß günstige Wohnsituationen sein oder – noch schlimmer – Erweiterungen des Schwulenghettos. ... Wir müssen anders mit dem Privateigentum umgehen, mit unseren Geliebten, mit unseren alltäglichen Arbeits- und Freizeitprioritäten und sogar mit unserem Bedürfnis nach Privatsphäre.«[82]

Während die Schwulenbefreiung an Fahrt gewann, wurden diese Ideen allmählich konkreter. 1972 fuhr eine Aktivist:innengruppe von Boston zum Parteitag der Demokratischen Partei in Miami und verteilte Flugblätter mit zehn Forderungen, von denen uns viele (unter anderem die Abschaffung der Polizei und das Ende des US-Imperialismus) noch heute bekannt vorkommen. Forderung Nummer 6 hören heutigen Demokrat:innen allerdings nicht so oft:

> »Kindererziehung sollte die gemeinsame Verantwortung der ganzen Gemeinschaft sein. Jegliche gesetzliche Rechte, die Eltern an ›ihren‹ Kindern haben, sollten aufgelöst werden. Jedes Kind sollte frei sein, das eigene Schicksal zu wählen. Es sollte kostenlose Kindertagesstätten geben, die rund um die Uhr geöffnet sind, in denen Tunten und Lesben die Verantwortung für die Kindererziehung mittragen können.«[83]

Damals dachten viele Bewegungen, von der Crip Liberation (die Behindertenbefreiung) bis hin zur Flower-Power, explizit darüber nach, wie Solidarität mit Kindern geschaffen werden könnte. Die Black Panthers gründeten Schulen und griffen energisch ins staatliche Schulsystem ein, indem sie kostenlose Frühstücke und Nachmittagsbetreuung anboten. Dutzende verschiedene Varianten lesbischer und feministischer Kitas – sowie Unschooling-Projekte wie die schon erwähnte Summerhill – entstanden und florierten. Manche waren darauf bedacht, mit den Kindern ein Gespräch darüber anzustoßen, was ihre Emanzipation bedeuten könnte.

Bronski zählt mindestens fünfzehn US-amerikanische Bücher für ein Massenpublikum, die in den siebziger Jahren für

Konzepte der Kinderbefreiung und Kinderrechte argumentierten (darunter auch das Recht, mehr als zwei Eltern zu haben). Dazu gehörten *Children's Liberation* von David Gottlieb (1973) und *The Children's Rights Movement: Overcoming the Oppression of Young People* von Beatrice und Ronald Gross.[84] Wie Gumbs gezeigt hat, veröffentlichten Aktivist:innenzeitschriften wie *Off Our Backs* auch antirassistische Polemiken gegen »patriarchale Behauptungen, dass Kinder der Besitz von (Eigentum besitzenden) Eltern seien«. Das multiethnische lesbische Paar Mary Peňa und Barbara Carey erklärte zum Beispiel: »[KINDER] WERDEN NICHT DEM PATRIARCHAT GEHÖREN / AUCH UNS WERDEN SIE NICHT GEHÖREN / SIE WERDEN NUR SICH SELBST GEHÖREN.« Ähnlich äußerte sich eine Lesbengruppe 1979 auf der National Third World Lesbian and Gay Conference – auf der Audre Lorde den Eröffnungsvortrag hielt –, als sie sich auf folgendes Statement einigte: »Alle Kinder von Lesben sind unsere Kinder.«[85] In manchen Städten brachten Aktivist:innen der Schwulenemanzipation, die sich »Effeminists« nannten, ihre Überzeugung zum Ausdruck, »dass schwule Männer Frauen gewissermaßen dienen sollten, indem sie ihre traditionelle Hausarbeit inklusive der Kindererziehung übernehmen, um den Aufstieg der Frauen zur Macht zu fördern«. Manche folgten dem Beispiel der männlichen Kämpfer in der Frauenbewegung und gründeten Kinderbetreuungskollektive für Männer.[86]

In den achtziger Jahren kämpfte der Großteil der Bewegung weder gegen die sogenannte »Moral Majority« der Reagan-Epoche noch gegen den homophoben »Save-Our-Children«-Kreuzzug von Anita Bryant, der schwules Leben mit Pädophilie gleichsetzte. Stattdessen wich die Bewegung vor jeglicher Verbindung zu Kindern zurück und konzentrierte sich darauf, AIDS zu überleben. Das Ziel, die Kernfamilie zu sprengen, wurde durch eine Agenda ersetzt, in der es lediglich um Rechte ging und die schließlich der Kernfamilie neues Leben spendete, indem sie ihre symbolische und praktische Notwendigkeit neu befeuerte. In der Folge des vermeidbaren HIV-bedingten Massensterbens, das Reagans Seuche unter Queers angerichtet hatte, entstand im amerikanischen Kontext ein neues »homonormatives« schwules Subjekt – sexuell enthaltsam, kreditfähig, produktiv, ein potenzieller Elternteil. Inzwischen ist die Behauptung, dass LGBTQ-Interessen die Ehe bedrohen oder die Familie in Frage stellen könnten, jenseits der Ränder der evangelikalen Rechten kaum zu vernehmen (das gilt auch für den Feminismus). Heutzutage ist die bürgerliche Homosexualität (»straight gayness«), die Aktivist:innen der Schwulenbefreiung schon früh als Feind identifizierten, in manchen Metropolen quasi-hegemonisch. Gay Power wollte die schwule Familie zu einem Oxymoron machen. Es ist aber gerade die schwule Familie, die inzwischen zu einem entscheidenden Faktor in der Rettung der Familie geworden ist.

Löhne für Hausarbeit und die National Welfare Rights Organization

Eine Weile nachdem die Schwulenemanzipation in den USA angestoßen wurde, lancierte eine Gruppe »autonomistischer« Marxist:innen in Italien die Kampagne »Löhne für Hausarbeit«. Die Speerspitze der ursprünglichen Gruppe bildeten Leopoldina Fortunati und Mariarosa Dalla Costa; bald halfen auch Genoss:innen in Kanada, England und New York – unter ihnen Selma James, Silvia Federici, Margaret Prescod und Nicole Cox – dabei, die wachsenden Verzweigungen des Netzwerks zu koordinieren. Diese Zusammenarbeit kulminierte in dem International Wages for Housework Committee. Bald bildeten sich Untergruppen wie Wages Due Lesbians (Löhne, die Lesben zustehen), das English Collective of Prostitutes (Englisches Kollektiv der Prostituierten) und Black Women for Wages for Housework (Schwarze Frauen für Löhne für Hausarbeit). Was war die Aufgabe, um die es ging? Einen Frauenstreik von globalem Ausmaß zu organisieren und Reproduktionsmittel zu beschlagnahmen (also zunächst Bargeld, zumindest für den Anfang). Ob die Gesellschaft einsah, dass Löhne für Frauenarbeit den Frauen tatsächlich zustanden, war egal. *Frauen jedes Alters, treibt eure Löhne ein!* Die Bewegung »Löhne für Hausarbeit« »mahnte alle Regierungen ab«. Sie forderten das ganze Geld, das ihrem Geschlecht zustand, »vollständig und auch rückwirkend« ein. Die Bewegung entwickelte eine bemerkenswert genaue Formulierung, um ihrer Perspektive auf die Tätigkeiten Ausdruck zu verleihen, die so viele Frauen zu Hause ausführten: »Sie nennen es Liebe. Wir nennen es unbezahlte Arbeit.«[87] Demonstrativ bestritten sie *nicht*, dass unbezahlte Kinderbetreuung, Alterspflege, Haushaltsführung, Sex, emotionale Arbeit und das Dasein als Ehefrau eine Manifestation der Liebe sein könnten. Stattdessen argumentierten die Aktivist:innen, dass »nichts unser Leben so effektiv erstickt, wie die Verwandlung von Tätigkeiten und Beziehungen, die unsere Wünsche erfüllen, in Arbeit«.[88] Anders gesagt: Sich im Kapitalismus um einen privaten Haushalt zu kümmern, *ist* oft Ausdruck eines liebevollen Begehrens und gleichzeitig eine lebenserstickende Arbeit. Genau das ist das Problem. Dass »sie« – Chefs, Ehemänner, Väter – es »Liebe« nennen und damit eigentlich recht haben, ist das Heimtückische an der Gewalt, die Sorgearbeiter:innen in der Familienstruktur erfahren (und austeilen). Es ist der Grund dafür, dass bezahlte und unbezahlte Haushaltshilfen sowie bezahlte und unbezahlte Mütter immer noch dafür kämpfen müssen, als Arbeiter:innen gesehen zu werden. Es ist der Grund dafür, dass die Anerkennung als Arbeiter:innen nach wie vor lediglich ein Wegbereiter für das Ende ihrer Ausbeutung ist sowie für die allererste Entdeckung einer neuen, anderen Form der Liebe, genau wie Kollontai sie sich vorstellte: eine Liebe *jenseits der Familie*.

Die »Löhne-für-Hausarbeit«-Bewegung erkannte, dass »die Liebe« unter dem Kapitalismus oft den Interessen der herrschenden Klasse dient, weil sie als Hebel genutzt werden kann, um Löhne zu senken *(Du machst das doch sicherlich nicht wegen des Geldes)* oder sogar komplett zu verweigern *(Mache etwas, das du liebst, und du brauchst keinen Tag mehr in deinem Leben zu arbeiten)*. Die genderspezifische Forderung, sich um »die Liebe und nicht um das Geld« zu kümmern, verhüllt die zermürbenden, eintönigen, unsichtbaren, erschöpfenden, einengenden Aspekte der Arbeit, die nötig ist, um ein Zuhause jeglicher Art aufzubauen. Das Prinzip, dass manche Dinge »nicht verkäuflich sein sollten«, wird eingesetzt, um die Tatsache zu verschleiern, dass diese Dinge überall auf jeder Straße verkäuflich sind – und als Vorwand, diejenigen unterzubezahlen, die sie verkaufen. Die »Löhne-für-Hausarbeit«-Kampagne war also gar nicht *für* die Hausarbeit. Ganz im Gegenteil: Diese Arbeiter:innen waren gegen die Hausarbeit, gegen Löhne und auch gegen die kapitalistische Arbeit an sich. Ihr Programm – das Federici mit dem Spruch »Löhne *gegen* Hausarbeit«[89] umformulierte und zuspitzte – war in diesem Sinne weit entfernt von der Forderung, die heutzutage immer lauter wird: die Sorgearbeit »wertzuschätzen« und der Hausarbeit »Würde« zuzusprechen. Nach meiner Interpretation war es ein Programm für die Familien-Abschaffung.

Parallel dazu und mit häufiger Mitarbeit von der »Löhne-für-Hausarbeit«-Kampagne wurden Sozialhilfeempfänger:innen in den USA politisch aktiv. Sie gründeten Hunderte von regionalen Gruppen im ganzen Land und vereinigten sich schließlich unter einer Dachorganisation, der National Welfare Rights Organization (NWRO; nationale Organisation für Wohlfahrtsrechte), die an ihrem Höhepunkt mindestens hunderttausend Menschen vertrat.[90] Von 1966 bis 1975 gestalteten die geballten Anstrengungen der NWRO – die größtenteils aus afroamerikanischen Frauen bestand – das System der Lebensmittelgutscheine um, erhöhten die Transparenz der Sozialhilfebeantragung und erweiterten die Programme, die armen Frauen und Kindern zur Verfügung standen. Die Organisation kämpfte gegen die herrschende Klasse, und das nicht im Namen der Arbeit oder der Familie, sondern im Namen dessen, was proletarischen Frauen wirklich zustand. »Auch wenn es für arme Schwarze Frauen sicherlich für ihr Überleben notwendig war, sich als Familien darzustellen und zu kategorisieren, die zu Sozialhilfe im Rahmen des AFDC-Programms berechtigt waren«, schreibt King in »Abolishing

Moynihan's Negro Family«, *bestritten* sie gleichzeitig »die Verdinglichung Schwarzer Haushalte und Schwarzer Menschen durch den sozialwissenschaftlichen Familiendiskurs«.[91]

Eine der Frauen von der Westküste, die hinter der Gründung der NWRO stand, war Johnnie Tillmon, die sich selbst als *arme, dicke, Schwarze Frau mittleren Alters, die Sozialhilfe bekommt*, beschrieb. In einem Artikel im *Ms.*-Magazin im Jahre 1972 schrieb Tillmon: »Viele bürgerliche Frauen in diesem Land interessieren sich für die Frauenemanzipation. Frauen, die Sozialhilfe bekommen, sind auf die Emanzipation angewiesen, um zu überleben.« Die Sozialhilfe, erklärte sie,

> »diskriminiert mehr als jede andere Institution in diesem Land, sogar mehr als die Ehe, die sie nachahmen will. … AFDC (Aid to Families with Dependent Children) sagt, wenn ein ›tauglicher‹ Mann im Bild ist, bekommst du keine Sozialhilfe. Wenn die Kinder essen sollen und der Mann keinen Job findet, muss er weg.
>
> Die Sozialhilfe ist wie eine supersexistische Ehe. Statt einen Mann hast du *den* Mann. Nur dass du dich nicht von ihm scheiden lassen kannst, wenn er dich schlecht behandelt. Selbstverständlich kann er sich von dir scheiden lassen, er kann dich jederzeit sitzen lassen, wenn er will. In dem Fall behält *er* aber die Kinder, nicht du. *Der* Mann herrscht über alles.
>
> In einer gewöhnlichen Ehe soll der Sex für deinen Ehemann sein. Wenn du Sozialhilfe erhältst, sollst du gar keinen Sex haben. Du gibst die Kontrolle über deinen Körper auf. Das ist eine Bedingung für die Hilfe. Es kann sogar sein, dass du dich

sterilisieren lassen musst, damit du nie mehr Kinder haben kannst, nur um zu vermeiden, dass dir Sozialhilfe verweigert wird.«[92]

Tillmon weigerte sich nicht nur, die Familie als wahren Ausweg aus der Verfolgung durch den Staat in Betracht zu ziehen; sie lehnte auch die Möglichkeit ab, dass Frauen ihrer Klasse durch Lohnarbeit emanzipiert werden könnten. Zu einer Zeit, in der viele Feminist:innen ihre Bemühungen darauf konzentrierten, einen Zugang zur Arbeitswelt zu erlangen, forderten Tillmon und ihre Genoss:innen – wie die »Löhne-für-Hausarbeit«-Kampagne – schlicht und einfach Geld: die Freiheit, *nicht* zu arbeiten. Weil sie die Nase voll hatten von ausbeuterischen Jobs, Hungerlöhnen und aufdringlichen, paternalistischen, geizigen staatlichen Programmen, gingen Sozialhilfe-Aktivist:innen auf die Straße, stellten Streikposten vor Sozialämtern auf und füllten die Gerichtshöfe. Sie waren von dem Ziel angetrieben, »dass das Leben der Frauen nicht mehr von Ehemännern, Arbeitgeber:innen, Regierungsbürokrat:innen und Beamt:innen diktiert werden sollte«, so Wilson Sherwin und Frances Fox Piven.[93] Sie gaben sich nicht damit zufrieden, das Recht der Frauen zu verteidigen, zu Hause zu bleiben, und stellten die Vorstellung in Frage, nach der Frauen lediglich die Wahl hätten, zu arbeiten oder zu Hause zu bleiben.

1968 organisierte die Vizepräsidentin der NWRO, Beulah Sanders, eine Krawallmacherin aus New York, gemeinsam mit Martin Luther King die Poor People's Campaign (die Kampagne der Armen), die sechs Wochen lang auf der Washington Mall zeltete. Im Mai 1970 besetzten Sanders und Tillmon mit anderen Aktivist:innen das Amt für Gesundheit, Bildung und Wohlfahrt (Health, Education and Welfare: HEW). Laut der Berichterstattung über die Besetzung in der *New York Times* saß Sanders »für sieben Stunden der ›Befreiung‹« im Ledersessel des betreffenden Staatsekretärs Robert H. Finch und trug den Titel ›Stellvertretende Staatssekretärin für HEW‹«.[94] Aus diesem Sessel heraus forderte Beulah das Ende der militärischen Besatzung von Südostasien und ein universelles Grundeinkommen von mindestens $ 5500 pro Jahr (»Gebt armen Menschen genug Geld, um anständig zu leben, und lasst uns selber entscheiden, wie wir leben wollen«).[95] Gleichzeitig begann sie, ihre Kritik der *kommodifizierten und nicht kommodifizierten* Hausarbeit auszuarbeiten. 1972 fragte sie: »Ist es berechtigt, eine Frau faul zu nennen, die zu Hause bleibt, kocht, wäscht, bügelt, putzt, ihren Kindern verschiedene Sachen beibringt und ihnen bei ihren Hausaufgaben hilft? Ist sie wirklich eine bessere Frau, wenn sie für $ 2,00 pro Stunde oder weniger dieselbe Arbeit für jemanden anderen macht? Sag du es mir.«[96] Bei dieser Analyse habe ich mich besonders von King und von Sherwin und Piven inspirieren lassen, die argumentierten, dass manche in der NWRO zwar Geld auf der Basis von Argumenten forderten, die einen erlösenden Maternalismus voraussetzten, viele diese Haltung aber nicht teilten. Ich schlage vor, die NWRO und die »Löhne-für-Hausarbeit«-Bewegung als Organisationen für die Familien-Abschaffung zu betrachten. Denn bei ihren Analysen der Bedürfnisse und Wünsche einer armen alleinstehenden Mutter griffen sie weder auf das herrschende Verständnis der Mutter noch auf das der Arbeiterschaft zurück.

Trans Marxismus des 21. Jahrhunderts

Zwischen 1985 und 2015 legte der Familien-Abolitionismus eine dreißigjährige Pause ein. Auch wenn sich immer noch viele über die Familien-Abschaffung lustig machen – einschließlich antikapitalistischer Linken –, blühen heute wieder ernsthafte Gespräche in verschiedenen Foren auf. Der Podcast »Politics Theory Other«[97] von der sozialistischen Zeitschrift *Tribune* ist ein solches Forum, wie auch »The Dig«[98] von der Zeitschrift *Jacobin*; aber auch Kunstmuseen und Massenmedien wie Vice Media oder der *New Yorker* geben diesen Diskussionen einen Raum. Als freiberufliche Autorin kann ich bezeugen, dass die Verschärfung der Care-Krise durch COVID-19 dazu beigetragen hat, dass Redakteur:innen – wenn nicht sogar die breitere Öffentlichkeit, offener für Kritik am privaten Kernhaushalt geworden sind. (Sogar der *Times*-Kolumnist David Brooks ließ sich 2020 dazu inspirieren, 9000 Worte zum Thema »Die Kernfamilie war ein Fehler« für *The Atlantic* zu schreiben – wobei er den historischen »Fehler« namens Familie lediglich ein klein wenig reformieren wollte.[99]) Ich bin selbstverständlich nicht unvoreingenommen, da ich mich schon einmal an einem transfeministischen Manifest für Familien-Abschaffung nach Marx versucht habe. Trotzdem bin ich mir ziemlich sicher, dass wir, die Verfechter:innen des »trans Marxismus« und des »abolitionistischen Feminismus«, dieses Wiederaufleben antreiben.[100]

Soweit ich weiß, begann die heutige »Welle« – wenn ich sie optimistisch so nennen darf – 2015 mit dem schon erwähnten Manifest von Gleeson und Griffiths, »Kinderkommunismus:

A Feminist Analysis of the 21st-Century Family and a Communist Proposal for Its Abolition«. Sie schlagen eine »revolutionäre Kinderkrippe« vor: eine Institution der sozialen Reproduktion, die alle ernähren, Armut abschaffen und die Knappheits- und Verzweiflungsmentalität zunichtemachen würde, die der Kapitalismus verursacht hat. (Die Autorinnen bemerken wehmütig, dass dies »eine kommunistische Revolution voraussetzt«.)[101] 2018 erschien der Artikel »Abolishing Moynihan's Negro Family« von Tiffany Lethabo King, einer Wissenschaftlerin der Queer und Gender Studies. Darin sprach sie sich für die Familien-Abschaffung aus und argumentierte, dass die Praktiken des Schwarzen Weltenmachens »ein Leben anvisieren müssen, das jenseits der heutigen Kategorien liegt, die uns daran hindern, die Bedeutung des Menschseins neu zu entwerfen«.[102] M. E. O'Brien beschäftigt sich nach wie vor mit diesem Thema. Ihre Überlegungen dazu sind in den Zeitschriften *Commune* (»Six Steps to Abolish the Family«), *Pinko* (»Communizing Care«) und *Endnotes* (»The Working Class Family and Gender Liberation in Capitalist Development«) 2019, 2020 und 2021 erschienen, genauso wie auch meine[103] und die von Gleeson,[104] Katie Stone,[105] Alva Gotby,[106] Sophie Silverstein,[107] Zoe Belinsky,[108] Alyson Escalante,[109] und anderen. Zu meiner großen Begeisterung nahm die gefeierte Philosophin der (Anti-)Arbeit, Kathi Weeks, 2020 an einer Diskussionsrunde mit dem Titel »Abolish the Family!« auf dem Festival Red May teil,[110] bevor sie im darauffolgenden Jahr einen wissenschaftlichen Aufsatz zur heutigen Relevanz des Familien-Abolitionismus bei *Feminist Theory* veröffentlichte.[111] Jede zweite Woche kontaktiert mich ein Arbeitskreis, ein Mutual-Aid-Kollektiv, eine unabhängige

Radiosendung, eine Theatergruppe, ein Kunstkollektiv oder eine freie Universität in Italien, Dänemark, Norwegen, Slowenien, Griechenland, den Niederlanden, Großbritannien, Irland, Portugal, der Schweiz, Brasilien, Frankreich, Deutschland, Japan, Korea, Russland oder Spanien, um mich über ein Projekt zum Thema »Familien-Abschaffung« zu informieren. Ein Online-Kurs, den ich zur Familien-Abschaffung im Rahmen des Brooklyn Institute for Social Research anbot, war 2021 und 2022 ausgebucht.[112] Eine großartige Anthologie, *Las degeneradas trans acaban contra la familia* (»Trans Perverse schaffen die Familie ab«), herausgegeben von Ira Hybris, ist gerade in Spanien veröffentlicht worden. Auch die Kunstwelt greift diese Ideen auf (eine Entwicklung, die ich willkommen heiße, wenn auch mit etwas Besorgnis, da die Kunstwelt ein Friedhof der Aufstände sein kann).

Einige der neusten Sehnsuchtsäußerungen des 21. Jahrhunderts führen uns auf wunderbare Weise zurück zum Anfang dieser Geschichte. »Charles Fourier«, so O'Brien, »war ein bezaubernd perverser Science-Fiction-Autor, der uns inspiriert, pro-queere Kommunen der Zukunft zu imaginieren«. In ihrem ausführlichen Beitrag zu Fourier vergleicht sie die Größe seiner Phalansterie, 1600 Menschen, mit einem Vorschlag der Londoner Gruppe Angry Workers of the World (wütende Arbeiter:innen der Welt), »Haushaltseinheiten von 200 bis 250 Menschen« einzurichten. Die Einschätzung der Angry Workers »erscheint mir vernünftig, vielleicht besser«, schreibt O'Brien: »Zweihundert könnten ein ziemlich großes Wohnhaus füllen, die einzelnen Häuser direkt neben einer Schule oder einem anderen Zentrum oder einen Wohnblock mit kleineren Wohnhäusern. Die Gemeinschaftsküche würde eine natürliche Anfangsgröße schaffen, wenn wir die Logistik bedenken, für große Gruppen zu kochen.«

Unter den heutigen Bedingungen des erstickenden Anti-Utopismus scheint es mir besonders dringlich, uns darin zu üben, unser Begehren weiterzubilden, indem wir konkret über die Architekturen, die Herausforderungen, die Zeitpläne, die Infrastrukturen und die Emotionen der Familien-Abschaffung nachdenken – ein Projekt, dem O'Brien und Eman Abdelhadi noch ernsthafter in ihrem 2022 erschienenen Roman nachgehen, *Everything For Everyone: An Oral History of the New York Commune, 2052–2072.*[113] Anstatt als Erfüllung eines zwanghaften Plans für absolute Harmonie durchgesetzt zu werden, könnte die notwendigerweise chaotische Kommune, das weiß O'Brien, »spontan aus dem Aufstand hervorkommen«.[114]

4 Genoss:innen gegen die Verwandtschaft

> »Jede Kritik an der Familie trifft meistens auf die Entgegnung: ›Aber womit würdest du sie ersetzen?‹ Wir hoffen, dass es inzwischen klargeworden ist, dass wir die Familie durch nichts ersetzen würden.«
> *Michèle Barrett und Mary McIntosh*[1]

Wenn Wirtschaftskrisen oder Pandemien in Erscheinung treten, sind es paradoxerweise unsere Knappheiten, an die wir uns klammern wollen, damit sie uns nicht weggenommen werden. Die Logik des privaten Haushalts ist so tief verankert, dass uns im Februar 2020 zum Beispiel fast gar nicht gesagt werden musste, dass die erste Verteidigungslinie gegen das Coronavirus das Privateigentum sei, mit seinem Verzeichnis ausgewiesener Angehöriger. Bei der Bekämpfung der COVID-19-Pandemie geht der Staat von einer ganz klaren, brutalen Prämisse aus: Es gibt keine Alternative zur Familie. Bevölkerungen wurde befohlen, »Abstand zu halten« (von allen … außer von der Familie) und zu Hause zu bleiben. In den USA heißt die Vorschrift »shelter in place«, also »Schutz vor Ort suchen«, wobei allen klar ist, dass es sich um den Ort der Familie handelt. Viele Erwachsene verhielten sich wie »Bumerangs«, hieß es in den Zeitungen, und zogen während der Pandemie wieder bei ihren Eltern ein.[2] Wie aber könnte ein Ort, der von Machtasymmetrien bestimmt wird – von Machtasymmetrien in der reproduktiven Arbeit, in der Ehe (häufig) und in der patriarchalen Elternschaft sowie von Miete und von Hypothekenschulden –, der Gesundheit zuträglich sein? Wie vorauszusehen war, schlugen überall Missbrauchstäter:innen auf ihre Partner:innen und ihre »Angehörigen« ein und belästigten sie mit erhöhter Straffreiheit im privaten Raum ihrer Wohnungen, da es physisch wie finanziell noch schwieriger geworden war, von zu Hause wegzukommen.

Nichtsdestotrotz führte der Mangel an Alternativen dazu, dass COVID-19 Ausgrenzungen und Marginalisierungen verschärfte. Das betraf die Verstoßenen, die Besitzlosen, die Wohnungslosen, die Weggeschlossenen, die Internet-Analphabet:innen und alle, die keine schon vorhandene Privatsphäre hatten – kurz gesagt, diejenigen unter uns, die als »obdachlos« gelten. Es wird suggeriert, dass diese Menschen kein »Zuhause« haben, anders als wir oder zumindest noch weniger als wir. Es ist kein Spaß, keinen »Ort« zu haben, keinen offiziell lesbaren Ort, an dem Schutz gesucht werden kann, wenn die Regelung gilt, »Schutz vor Ort« zu suchen. In meiner Stadt waren es People of Color, Stadtstreicher:innen, Sexarbeiter:innen, Substanzgebrauchende, junge Straßenqueers und überhaupt Menschen ohne Eigentum, die systematisch wegen angeblicher Verstöße gegen COVID-19-Regelungen von der Polizei brutal behandelt wurden. Nichtsdestotrotz war es hier alles andere als klar – insbesondere angesichts der hohen Infektionszahlen, die in Gefängnissen und sogenannten Obdachlosenheimen gemeldet wurden –, dass es epidemiologisch (oder sonst wie) ratsam war, unter einem Dach mit den eigenen gesetzlichen Verwandten zu schlafen. In der Tat erschien das ganze Konzept »drinnen zu bleiben« als Schlüssel zum Lockdown bei näherem Hinsehen zutiefst zweifelhaft. Es beruhte auf einer Doppelmoral des Öffentlichen und des Privaten, die größtenteils ungeklärt blieb.

Bleib bei deiner Sippe und bei dir daheim, so der Erlass. Während die dampfende Masse deines Körpers und seine Millionen Tröpfchen im öffentlichen Raum so weit wie möglich draußen bleiben müssen, sollen sie sich im privaten Raum so weit wie möglich drinnen aufhalten. Ein Haushalt atmet und stirbt gemeinsam in der eigenen beziehungsweise der gemieteten Immobilie. Wenn du keine feste Adresse hast, wenn du in den Spalten zwischen kommodifizierten Gebäuden wohnst, unter Brücken oder in Parks, dann widersetzt du dich den viruseindämmenden Regelungen, auch wenn dein Kontaktrisiko verschwindend klein ist. Das Virus ist eine Gefahr, die von Fremden ausgeht. Deine Kapsel sorgt für deine Sicherheit. Bitte nicht – ich wiederhole, bitte *nicht* – den ganzen Sommer lang im Freien randalieren.

Von dem monatelangen Zeltlager, das sich im Jahre 2020 auf dem malerischen Franklin Parkway, einer Allee im Zentrum von Philadelphia, gebildet hat, lernte ich etwas Verwirrendes. Das Zeltlager hatte unterschiedliche Namen – es hieß Camp Maroon, Camp Teddy oder Camp JTD.[3] Was war Camp Maroon? Eine Besetzung, die über eine Küche, eine Verteilstelle, ein Sanitätszelt, ein Versorgungslager für den Substanzgebrauch und sogar eine zurechtgebastelte Dusche verfügte – ein militantes Dorf, das von obdachlosen Menschen aus Philadelphia und von proletarischen Rebell:innen wie der unerschütterlichen, unvergleichlichen Jennifer Bennetch (rest in power) geführt wurde.[4] Das Zeltlager bestand aus Hunderten von Menschen, die bereit waren, Seite an Seite in Zelten zusammenzuleben und für kostenlose Unterkünfte zu kämpfen, für Migrant:innenfreiheiten, für das Recht auf die Stadt und mehr. Sogar ich fühlte mich verändert, als ich am Rand des Camps stand. In jenem Sommer verstand ich Folgendes: *Jedes Wesen, das vom Kapital und Empire ausgebeutet wird, ist im Grunde obdachlos.*[5] Wir sind alle von der Allmende vertrieben worden. Überall haben Menschen Enklaven der Möglichkeiten, Wiegen der Linderung und der Wechselseitigkeit in der Wüste gewoben. Aber das, was unsere Häuser zu einem *Zuhause* machen würde – in einem neuen, wahren, gemeinsamen Sinne des Wortes –, ist die Praktik der globalen Revolution.

Vielleicht scheint es etwas gewagt, solche enormen Schlussfolgerungen aus einem lokalen Zeltlager in der Mitte der Hauptstadt von Pennsylvania zu ziehen.[6] Wenn du aber – auch nur für ein paar Tage – die alternative soziale Welt erlebt hast, die aus der utopischen Besetzung eines Stadtboulevards entsteht, dann weißt du wahrscheinlich schon Bescheid. Es ist berauschend: Wenn die Menschen erst einmal auf den Geschmack kollektiver Selbstregierung, gegenseitigen Schutzes und Fürsorge gekommen sind, wird die Liste der Forderungen, Ziele und Wünsche plötzlich viel länger und viel anspruchsvoller als nur »erschwingliches Wohnen«. Deswegen meint M. E. O'Brien, dass »der beste Ansatzpunkt für die Familien-Abschaffung« die Protestküche ist: »Bildet selbstorganisierte, gemeinsame Schlafbereiche für die Sicherheit. Richtet kooperative Kinderbetreuung ein, um die volle Partizipation der Eltern zu unterstützen. Organisiert Spritzentausche und andere Praktiken der Schadensbegrenzung, um aktive Drogenkonsument:innen einzubeziehen.«[7] Von da an müssen wir das ausweiten und nie damit aufhören.

Im Herbst 2020 machte die Stadt Philadelphia einige beträchtliche Zugeständnisse in Bezug auf Wohnungen. Danach räumte sie Camp Maroon gewaltsam. Als die Erinnerung daran – und an die Aufstände nach der Ermordung von George Floyd – langsam verblasste, bemühten sich die Medien eifrig darum, die vermeintlich universelle Realität einer Zersplitterung in ein völlig abgeschottetes Leben der Arbeit aus dem Homeoffice nach dem Motto »Stay the fuck at home« zu betonen. Durch verschiedene Formen der Corona-Hilfe bekamen Hunderttausende in Philadelphia eine materielle Atempause. Gesundheitsarbeiter:innen und andere »systemrelevante« Berufe, die »an der Front« geopfert wurden, waren genauso wie Menschen, die zu Hause Care-Arbeit leisteten, allmählich völlig erschöpft. Während sich das Jahr 2021 langsam dahinschleppte, nahmen sich immer mehr Studierende und Arbeiter:innen – besonders People of Color – das Leben. Sie waren nicht obdachlos, aber unterversorgt. In der Zeit der Lockdowns erlitten viele ein Schicksal, das schlimmer war als erzwungene Zeit mit der Familie, nämlich: keine Familie zu haben.

Jetzt – Anfang 2022, während ich dieses Buch schreibe – befinden wir uns seit fast einem Jahr in einer Zeit der massenhaften Kündigungen seitens der Arbeitnehmer:innen, die allgemein »The Great Resignation« (Die Große Kündigung) oder sogar »The Great Refusal« (Die Große Weigerung) genannt wird. In vielen Regionen der USA ist es den Verfechter:innen des erzwungenen Gebärens gelungen, das Recht zu zerstören, sich zu entscheiden, mit der Arbeit der Schwangerschaft aufzuhören. Der christliche Nationalismus grassiert und setzt sich zum Beispiel dafür ein, dass trans Kinder verwandtschaftslos werden. (In diesem Jahr setzten Gesetzgeber:innen in Texas Kinderbetreuung, die Trans-Identitäten bestärkt, Kindesmissbrauch gleich und argumentierten, dass sie Grund zur Kindeswegnahme sein sollte.)[8] Die Familie wird neu diszipliniert. Was kommt als Nächstes?

Bisher hat dieses kleine Buch in die emotionale Panik und in das politische Versprechen der Familien-Abschaffung eingeführt. Es hat dagegen argumentiert, eine bestimmte Art von Familie beiseitezulegen und vor der Abschaffung zu retten, und die bisherige Geschichte des Familien-Abolitionismus zusammengefasst. Hoffentlich wirst du jetzt damit einverstanden sein, dass es erstrebenswert ist, die Familie hinter uns zu lassen, anstatt sie zu »erweitern«. Dann wäre es an der Zeit, in den sauren Apfel zu beißen und uns zu überlegen, was die *Abschaffung* beziehungsweise die *Abolition* in der Praxis bedeutet. Die Antwort ist komplizierter als erwartet, obgleich diese Wörter in letzter Zeit um die ganze Welt gehen und durch die Bewegungen von Hunderttausenden Füßen in riesigen Buchstaben auf den Asphalt vor Polizeiwachen geschrieben werden.

Aus meiner Sicht – die zugegebenermaßen wohl eine anglozentrische Sicht ist – scheint es, als wäre der spezifische Begriff »Abolition« im großen Stil neu adoptiert worden. Wir befinden uns in einer Zeit, in der die Begeisterung für die Abolition und der allgemeine Abolitionismus ein Maß erreicht wie seit dem 19. Jahrhundert nicht mehr. Dieser Aufschwung ist das grandiose Ergebnis von mindestens zehn Jahren Agitation an der Basis, im Bauch der Bestie des amerikanischen Empires, zusammen mit anderen Kämpfen wie zum Beispiel der Kampf von Palästina. »Gefängnisse abschaffen«, »Frontex abschaffen« und »die Polizei abschaffen« wurden zu vertrauten Forderungen und belastbaren Konzepten, verbunden mit populären politischen Programmen. Natürlich trauen manche Kommentator:innen ihren Ohren nicht. Sie meinen doch nicht wirklich *abschaffen*?! Denn auf den ersten Blick ist die Antwort auf diese Frage fast lächerlich klar: Was wollen Abolitionist:innen? Sie wollen Abolition. Wir wollen etwas abschaffen; wir wollen, dass etwas nicht ist. Wir wollen, dass es keine Gefängnisse gibt und keine Kolonisator:innen. Wir wollen, dass die Polizei nicht existiert.

Einfach, oder? Für die frühsten Urheber:innen und die ersten modernen Philosoph:innen-Aktivist:innen der Abolition war das nicht so klar. Wir sollten hier auch kurz den ursprünglichen marxistischen Begriff – »Aufhebung« – in Betracht ziehen. Aufhebung wird heutzutage meistens mit »abolition« ins Englische übersetzt, wobei sie in Übersetzungen der Werke des deutschen Idealisten G. W. F. Hegel auch manchmal als »positive supersession« wiedergegeben wird, einem etwas steifen Fachbegriff, der die verschiedenen Bedeutungen des Worts »aufheben« übertragen will: in die Höhe erheben, zerstören, aufbewahren und radikal verwandeln. Diese vier Elemente lassen sich in Bezug auf die Sklaverei verdeutlichen. Mit dem globalen Kampf um die Abschaffung der Sklaverei nannte sich nämlich zum ersten Mal in der Geschichte eine radikale Bewegung »abolitionistisch«. Der Erfolg dieses Kampfes bedeutete, dass das hohe Ideal des Humanismus, das während der Französischen Revolution hinausposaunt wurde, sowohl hochgehoben (bestätigt) als auch zerstört (als *weiß* entlarvt), bewahrt (für die Zukunft haltbar gemacht) und bis zur Unkenntlichkeit verändert (gezwungen, diejenigen, die es ursprünglich ausgeklammert hatte, einzubeziehen) wurde. Die Sklaverei wurde gesetzlich aufgelöst und in der Praxis schlussendlich mehr oder weniger beseitigt. Wir müssen aber begreifen, dass unsere Fähigkeit, diese Ereignisse zu verstehen, *durch* sie erst erzeugt worden ist. Die Gesellschaften, die vor der Abschaffung der Sklaverei mit Menschen handelten, waren wirklich geprägt von den damaligen Idealen der Menschenrechte, von dem Recht auf Leben, Freiheit und dem Streben nach Glück. Die Welt manifestierte diese Konzepte, so wie sie damals existierten, bis die selbsternannten Erfinder:innen der »Freiheit« in diesen Gesellschaften mit den Gewehren der versklavten Menschen konfrontiert wurden und endlich lernten, wie echte Freiheit (eine *echtere* Freiheit fürs Erste) aussah. Der Humanismus wurde negiert, neu gemacht, geboren, begraben, verlängert. Indem sie den Kampf gegen die Sklavenhändler:innen gewann, strafte die Abolition die damaligen Gesellschaften Lügen und gab jenen tapferen Idealen zum ersten Mal die Chance, mehr als Worte zu werden.

So jedenfalls verstehe ich die Aufhebung. Dieses Verständnis verdanke ich mehreren Lehrer:innen und insbesondere den umfassenden Lehren von Ruth Wilson Gilmore. Die Abschaffung der Gefängnisse und der Polizei heißt nicht einfach, Infrastruktur zu beseitigen. Stattdessen ist sie ein Versuch, Welten zu schaffen, eine kollektive kreative Tätigkeit, die nie endet und die wirkliche Gerechtigkeit hervorbringt, wo es früher nur Justiz gab. Im Kern ist Abolition laut Gilmore »nicht die Abwesenheit von etwas, sondern das Vorhandensein. Eigentlich ist das Abolition«.[9] Um Abolition zu praktizieren, müssen wir »eine Sache ändern: alles«.[10] Auch wenn sich Gilmore nicht auf Fragen der Verwandtschaft konzentriert, steht für mich steht fest, dass die Gedankenwelt der Abolition die Notwendigkeit mit sich bringt, auch an der Familie alles zu ändern. *Was würde es heißen, die Familie nicht mehr zu brauchen?*

Was können wir also nun über die Zerstörung-Bewahrung-Verwandlung-Realisierung der Familie sagen, wenn wir diese kurzen Überlegungen zum Verlauf des Kampfes in Betracht ziehen? Als Erstes könnten wir anmerken, dass ein Prozess, bei dem »alles anders werden soll«, die Familie nicht unangetastet lassen *könnte*, auch wenn er wollte. Zweitens könnten wir versuchen, das Befreiende am Ideal der Verwandtschaft zu isolieren, also aus dem materiellen Elend der familialisierten Gesellschaft auszugraben. Was ist es genau, das zurzeit auf verzerrte Art nachgeahmt wird, aber eigentlich realisierenswert wäre? Im Fall der Familialität scheint der versteckte utopische Kern Folgendes zu sein: die Möglichkeit, sich umeinander zu kümmern, sich aufeinander verlassen zu können und zueinander zu gehören. Das sind die weit verbreiteten Bedürfnisse, die in einem Sarg begraben sind, auf dem »Exklusivität«, »Chauvinismus«, »Rasse«, »Eigentum«, »Vererbung«, »Identität« und »Konkurrenz« steht. Jede:r kann einen flüchtigen Blick auf sie erhaschen, diese idealen Versionen der Familienwerte, die im alltäglichen Leben untergehen. Von Modemarken bis zu Symposien zur Nachhaltigkeitsethik werden sie überall nichts sagend wiederholt. Überall bekommen wir die Bruchstücke der dialektischen Explosion der Familie zu sehen: *Unsere Haushaltshilfe Maria ist Teil der Familie,*[11] *hier bei Olive Garden gehören alle zur Familie, wir sind alle eine Familie bei TrustAir™ (»because we care«), das ist die große Familie der Menschheit, wir verwenden 30 % nachhaltige Energie, weil die bedrohten Vogelarten auf dieser Insel Familie sind, die große planetarische Familie, Familie ist, wer als Familie handelt, willkommen in der Stadt der Bruderliebe, wir glauben an die Verwandtschaft zwischen allen Lebewesen.*

Bullshit. Stell dir vor, was passieren müsste, damit die Mitarbeiter:innen im Restaurant oder im Flugzeug deinen Namen als Bürge für ihren Studienkredit angeben könnten. Überleg dir, was den Modehändler Kinship™ (dessen Webseite momentan »das, was uns alle verbindet« feiert und behauptet, dass »wir alle verwandt« seien) dazu bringen würde, vor Gericht zu erscheinen, um dich gegen einen Räumungsbefehl zu verteidigen. Frag dich, was anders werden müsste, damit Maria die Haushaltshilfe ihren Namen in den Geburtsurkunden deiner Kinder ergänzen könnte, wenn sie wollte. Und frag dich dann, ob Geburtsurkunden wirklich nötig sind. Wenn diese Gedankenexperimente albern erscheinen, müssen wir die Möglichkeit in Erwägung ziehen, dass Verwandtschaft an sich als Wert gar nicht mal so viel wert ist. Um es noch deutlicher zu sagen: Ich bin kein großer Fan von dem, was uns die Verwandtschaft ethisch und politisch zu bieten hat. Ich glaube nicht, dass sie viel Gutes tut. Schlimmer noch: Ich glaube, sie steht besseren Möglichkeiten im Wege.

Versteh mich nicht falsch: Mir ist klar, dass unser quasiuniverselles Bedürfnis nach Verwandtschaft ein Bedürfnis nach Zuwendung darstellt, nicht mehr und nicht weniger. Unseren kollektiven Wunsch, umsorgt zu sein, kritisiere ich nicht; mir geht es um die Unzulänglichkeit des Mittels, das uns zur Verwirklichung dieses Wunsches zur Verfügung steht. Ohne mich in den Einzelheiten der anthropologischen Debatten über die Definition der Verwandtschaft verzetteln zu wollen – oder auch darüber, *ob* es überhaupt wichtig ist, die Verwandtschaft zu definieren –, behaupte ich, dass die Verwandtschaft, zumindest heutzutage, immer auf etwas hinweist, das als unauslöschlich imaginiert wird; sie bezieht sich immer auf »die Natur«. Vielleicht wird sie eines Tages wieder ihren Zweck erfüllen, wer weiß? Vielleicht, wenn der Naturbegriff an sich umgestülpt wird. In diesem Moment funktioniert die Verwandtschaft aber – auch wenn sie als praxisbasiert verstanden wird (wie es in vielen indigenen Kosmologien der Fall ist) – als sprachlicher Appell an etwas *Nichtkontingentes*, das eine Beziehung stützen soll. Und meine Frage ist: Können wir diese Wunschvorstellung von etwas Nichtkontingentem unterbrechen? Können wir uns von ihr trennen?

Vor dem 21. Jahrhundert hat Donna Haraway – die Philosophin, der ich meinen Feminismus verdanke – nicht dafür argumentiert, »sich verwandt zu machen«. Ganz im Gegenteil. »Ich habe die Nase voll«, schrieb sie 1997, »von der Bindung durch die Verwandtschaft und durch ›die Familie‹«:

> »und ich sehne mich nach Modellen der Solidarität und der menschlichen Einigkeit und Verschiedenheit, die auf Freundschaft, Arbeit, teilweise gemeinsamen Zielen, hartnäckigem

kollektivem Schmerz, unausweichlicher Sterblichkeit und beständiger Hoffnung beruhen. Es ist an der Zeit, ein neues, ›unfamiliäres‹ Unbewusstes zu theorisieren, eine andere Urszene, in der nicht alles aus den Dramen der Identität und der Reproduktion hervorgeht. Blutsbande – einschließlich Blut, das als Gene und Informationen neu geprägt wird – sind schon blutig genug gewesen. Ich bin überzeugt, dass es keinen Frieden unter den ethnischen Gruppen oder unter den Geschlechtern, keine lebbare Natur geben wird, bis wir gelernt haben, Menschheit durch etwas mehr und etwas weniger als die Verwandtschaft zu produzieren.«[12]

Genau wie ich hier in Bezug auf die Formulierung »echte Familien gegen die Familie« einen anderen Ton anschlage (das war eine Kurzfassung, die ich für das Publikum meines Buchs *Full Surrogacy Now* herausdestillierte; ich danke Haraway dafür, dass sie es gelesen hat), entfernt sich Haraway in ihrem neueren Werk zum Thema »sich verwandt machen« von den eigenen Schlussfolgerungen – siehe oben – bezüglich der materiellen Semiotik der Verwandtschaft. Nicht zum ersten Mal entscheide ich mich für die frühere Haraway.[13]

Meiner Meinung nach ist die Verwandtschaft trotz ihres potenziell radikalen Anspruchs, die ganze Welt und alle Lebewesen zu umfassen, als Wert funktionell unbrauchbar. Derzeit ist sie nur ein hübsches Frontispiz über der Familie. Wenn wir dem Verwandtschaftsbegriff auf den Grund gehen, werden wir immer feststellen, dass er sich ganz zentral auf eine implizite Metapher bezieht (und vielleicht ist das unvermeidlich): *Blut ist dicker als Wasser*. Deswegen möchte ich dafür eintreten, dass wir uns ernsthaft und mit vereinten Kräften bemühen müssen, das Denken, die Praktiken und die Sprache der »Verwandtschaft« zu untergraben, abzulegen und zu verlernen, wenn wir die Familien-Abschaffung ernst nehmen wollen. Dies ist ein einfaches Argument, das andere vor mir prägnanter ausgedrückt haben: »Gerade die Überzeugung, dass Verwandtschaft, Liebe und leckeres Essen natürlich und unvermeidlich miteinander verbunden sind, macht es schwer, sich eine Welt vorzustellen, in der ›die Familie‹ keine große Rolle spielt.«[14] Wie du vielleicht schon weißt, sind das die Worte von Michèle Barrett und Mary McIntosh, die auf die Frage, womit sie die Familie ersetzen würden, mit einer so einfachen wie großartigen Antwort reagierten: »Nichts.«

Wenn wir uns an der Hand halten, werden wir bestimmt den Mut aufbringen, in den Reichtum des Nichts zu springen, der nach der Familie kommen wird.

Nein, danke! Oder? Haben wir nicht so schon genug mit Unvorhergesehenem zu kämpfen, im Rachen der Pflegekrise, die Teil des Kapitalismus ist? Wir können doch nicht erwarten, dass unsere Angehörigen noch *mehr* Unsicherheit auf sich nehmen! Ohne Zweifel ist unser Care-Mangel so akut, dass wir einander nur Sicherheit zu gewähren wissen, indem wir so tun, als wäre unsere Liebe nicht unsicher und dem Zufall überlassen. Wenn ich dir sage, dass du »Familie« bist oder dass du mit mir »verwandt« bist, sage ich eigentlich, »Ich liebe dich, ich kümmere mich um dich, ich versichere dich, ich halte dich, ich sehe dich« – ja – und / aber ich unterstreiche das, indem ich eine Metapher benutze, die besagt, dass ich eigentlich keine Wahl habe. Ich gebe dir eine *Garan-*

tie (wir sind verwandt), die an eine metaphysische Ebene gebunden ist. Und das fühlt sich gut an! Es soll sich zumindest gut anfühlen. Offensichtlich ist aber diese ganze Denkstruktur von einer unsolidarischen Hierarchie durchdrungen. *Echte* Verwandtschaft wird immer echter sein.

Dass wir die Verwandtschaft erweitern wollen, bis sie alle auf der Welt erfasst, können wir sagen, so viel wir wollen. Wenn die Verwandtschaft tatsächlich etwas wäre, das wir für *gemacht* und nicht für gegeben hielten, würden wir nicht noch »Wahl-« hinzufügen müssen (im Sinne von »Wahlverwandtschaft« oder »Wahlfamilie«), wenn wir von Verwandtschaft reden, die wir uns *nicht* als gesetzlich sanktioniert (auf Ehe oder Erziehungsberechtigung basierend) oder als genetische beziehungsweise Blutsverwandtschaft vorstellen können.

Wir brauchen Konzepte mit mehr Biss, die besser greifen. Konzepte wie »Genoss:innen« oder »Verbündete«. Im Englischen ist das Wort »kin« (Verwandtschaft) Teil des feststehenden Begriffs »kith and kin«, einem altenglischen Ausdruck, der in etwa »Freund:innen und Verwandte« bedeutet. Das Wort »kith« wird außerhalb dieses Ausdrucks nicht mehr benutzt, es ist aber mit dem deutschen Wort »kennen« verwandt und bezieht sich auf eine dynamische Beziehung zwischen den Lebewesen, eine Verbindung, die der Verwandtschaft ähnlich ist, die aber auf Kenntnis, Praxis und Ort anstatt auf Blutsverwandtschaft, Abstammung und Identität basiert. In ihrem Essay »Make Kith, Not Kin!« schreibt McKenzie Wark über »die verschwommenen Assoziationen [des Worts »kith«] mit Freund:innen und Nachbar:innen, mit einer Ortschaft und den dortigen Bräuchen«.[15] Offensichtlich gibt es eine massive Überschneidung von »kith« und »kin«.

Könnten wir uns mit dem Konzept »kith« wieder vertraut machen und »kinship« behutsam aus der bisherigen Vormachtstellung verdrängen? Wir werden die Familie nicht allein durch Sprache zunichtemachen, trotzdem lässt sich das Semiotische nicht vom Materiellen trennen (und ich bin nicht bereit, in diesem Kapitel ausgearbeitete politische Programme zu präsentieren). Vielleicht werden wir überrascht davon sein, wie viel Menschlichkeit möglich wird, wenn wir aufhören, »einander wie Familie zu behandeln«. Gleichzeitig hat Patricia Hill Collins recht, wenn sie darauf hinweist, dass die Sprache und die Denkstruktur der Verwandtschaft – »Bruder«, »Schwester«, »Mama«, »Vater«, »Kind« – eine derart bedeutende Stellung in Befreiungstraditionen einnehmen, dass es »für Gruppen, die Hierarchien in Frage stellen wollen, kontraproduktiv« sein könnte, sie »vollständig abzulehnen«.[16] Es gibt hier keine bequemen Strategien. Wie Ellen Willis schreibt: »Wenn wir uns weigern, für eine Liebe zu kämpfen, die sowohl frei als auch verantwortungsvoll ist, lehnen wir im gewissen Sinne die Möglichkeit der Liebe selbst ab.«[17]

Wir müssen die Sprache der Verwandtschaft nicht rundweg ablehnen. Stattdessen können wir kollektiv anfangen, an ihr zu schrauben. Es ist an der Zeit, uns darin zu üben, »kith« zu sein, oder besser, Genoss:innen – auch gegenüber den Menschen, die zu unserer »biologischen Familie« gehören. Wir müssen Strukturen ohne Verwandtschaftsdimensionen aufbauen, die von Abhängigkeit, Bedürfnissen und Versorgung bestimmt sind.

Zuwendung, Teilen und Liebe werden im Moment größtenteils *nur* im Kontext der Verwandtschaft gesucht und erwartet. Das stellt eine tragische, verwickelte Inszenierung des künstlichen Mangels dar, die unsere Lust auf Utopie dahinschwinden lässt. »Es ist sehr, sehr schwer«, schrieb Linda Gordon, »uns eine Gesellschaft vorzustellen, in der Kinder nicht jemandem gehören. Kinder zum Eigentum des Staats zu machen, würde nichts daran verbessern. Riesige staatliche Kindertagesstätten sind nicht die Lösung.« Haben wir überhaupt Lösungen? Wissen wir schon, welche Beziehungsformen jenseits der kapitalistischen Akkumulation existieren? Lou Cornum: »Wenn wir heute keine kennen, lasst uns bis morgen welche entwerfen.«[18] Lasst uns bis morgen welche entwerfen, während wir, um mit Kathi Weeks zu sprechen, darüber nachdenken, »was es heißt, uns dem langen Spiel der radikalen strukturellen Verwandlung zu verpflichten, der die Familien-Abschaffung bedarf; auch wenn wir möglicherweise zu den Akteur:innen gehören, die dafür mitverantwortlich sind, eine andere Zukunft zu realisieren, werden wir nicht – können wir vielleicht nicht – die Subjekte sein, die in vollem Maße nach jener Welt verlangen«.[19] Die Menschen, die wir heutzutage Kinder nennen, deren »fruchtbare« oder »abweichende« Körper aktuell wieder zum Maßstab und zum Schlachtfeld eines brutal queerphobischen Familismus geworden sind, müssen bei diesem langwierigen Verwandlungsprozess im Mittelpunkt stehen.

»Die Kernfamilie macht aus Kindern Eigentum«, schreibt Lola Olufemi in ihrem Loblied auf den Schwarzen revolutionären Feminismus der Diaspora, *Experiments in Imagining Otherwise.*[20] Das müssen wir uns dringend zu Herzen nehmen und die Möglichkeit neu eröffnen, wie Lola schreibt, »dass wir die Familie neu organisieren könnten, genauso wie die Gebäude, in denen wir leben, das Essen, das wir zu uns nehmen, und die Bildung, die wir erhalten. Dass wir anfangen könnten, uns etwas zu nehmen, ohne dafür zu bezahlen, und Kinder so zu erziehen, dass Aufopferung und Reue und biologische Triebe und geschlechtsspezifische Verfremdung unmöglich gemacht würden.«[21] Dir muss ich das gar nicht sagen, aber: Es ist gut, gegen »Familientrennungen« aufzubegehren und Aufstände zu organisieren, besonders wenn junge Leute und ihre Begleiter:innen auseinandergerissen werden und zu Tausenden in Käfige gesperrt werden, anstatt dass ihnen dabei geholfen wird, willkürliche Linien auf der Erde zu überqueren. Erzwungene Familienzusammenführungen sind auch nicht immer gut, für manche kann es sogar tödlich sein, aber die Trennungstechniken der Grenzen jedes Nationalstaats sind das Herzstück des Familienregimes. Die Folterungen an den Grenzen zertrampeln Verwandtschaftsbeziehungen und zielen sogar auf sie ab, um die Fiktion aufrechtzuerhalten, dass der Nationalstaat die Unversehrtheit der Familien respektiert, sobald sie hineingelassen worden sind. Grenzwachen schaffen nicht etwa die Familie ab; sie sind für ihre Durchsetzung ganz zentral. Gegen das Familienregime zu kämpfen, könnte also unterschiedliche Bedeutungen haben: Es könnte beispielsweise heißen, den Stiefel des Staats vom Nacken einer Familie mit Migrationsgeschichte loszueisen und gleichzeitig, wenn es nötig ist, einem queeren Kind in derselben Familie Solidarität zu leisten – auch gegen seine Eltern.

Wir müssen also beides gleichzeitig machen: den Staat dazu bringen, besonders verletzliche Menschen in die Arme der wenigen Bezugspersonen zurückzugeben, die er anerkennt, *und* darauf bestehen, Betreuung und Zuwendung zu entprivatisieren, »Elternrechte« zu hinterfragen und sich eine Welt vorzustellen, in der alle Menschen automatisch von vielen Menschen umsorgt sind. Das heißt, dass FAMILIEN ZUSAMMENHALTEN und FAMILIENTRENNUNG BEENDEN politische Imperative und Handlungsaufforderungen sind – trotzdem sind sie nicht unser Horizont. *Als Menschen zusammen zu sein* und die Trennung von *Menschen* zu beenden – das ist eine Zukunft, die imaginiert werden kann, auch wenn wir sie noch nicht in vollem Maße herbeisehnen können. Ich weiß nicht, wie es geht, sich völlig danach zu sehnen, trotzdem kann ich es kaum erwarten, herauszufinden, was nach der Familie kommt. Ich weiß auch, dass ich es wahrscheinlich nicht erleben werde, was immer es auch sein mag. Dennoch hoffe ich, dass es kommt, und ich hoffe, dass es ein glorreiches und wundervolles Nichts sein wird.

Danksagung

Dieses Buch verdankt sich allen voran Rosie Warren – ich danke ihr für alles. Sowie auch allen bei *Salvage Quarterly* und allen bei Verso, die sich um dieses kleine Buch gekümmert haben.

Außerdem verdankt sich dieses Buch der Person, für die ich aufwache und mit der ich in Gedanken verschmolzen bin. Und dem Menschen, für den ich zerfließe. Darüber hinaus: Celui que j'ai connu depuis toujours, avec le tatouage en safflower. Den Schreckensschwestern Barnacle und Robespierre. Meinen Freund:innen. Meinen Genoss:innen. Meinen Lesegruppen. An meine Mumputz: Du fehlst mir.

Dieses Buch lebt von utopist:innen und von kommunist:innen überall auf jeder Erde. Es wurde von denen genährt, die Briefe schreiben, von denen, die mir in verschiedenen Medien das Geschenk der Herausforderung, der Analyse und der Kritik gemacht haben. Es wurde von denen geschult, die mich dafür einspannen zu reden (und zuzuhören), die Gigs für mich organisieren, die mich in ihre Klassenzimmer, ihre Filialen und ihre Zine-Bibliotheken einladen, die mich auf die Bühne bringen und die mich mit Gesten der Freundlichkeit oder der Solidarität von nah und fern überraschen.

Dieses Buch verdankt sich denen, die es mir ermöglichen,

Jahr für Jahr meine Rechnungen zu zahlen, indem sie mich auf Patreon oder sonst wie materiell unterstützen. Insbesondere möchte ich die Großzügigkeit folgender Menschen erwähnen: Sarah Miller, Laurel Rogers, Nick Mitchell, Chloé de Canson, Thomas Strong, Kate Marcus, Grace Lavery, Lisa Duggan, Sarah Sharma, Sarah Skenazy, Emma Pike, Brittany Shannahan, Steve Cipolla, Jess Barbagallo, Natalia Cecire, Jason Prado, Pilar Gonalons-Pons, Aude Fellay, Miranda Iossifidis, Maddie Breeze, Keaton Boyle, Michelle Miller, Maria Garcia Gil, Eve O'Connor, Kate Richardson und Claire Colebrook.

Dieses Buch verdankt sich gleichermaßen denen – es sind zu viele, um alle aufzulisten –, die genug an mich geglaubt haben, um mich zu ermutigen, mich zu vertreten (Ian) oder um für mich Partei zu ergreifen (»team erotic octopus« …!). Es verdankt sich denen, die meine Texte übersetzt, beauftragt und lektoriert haben, die Giclée-Drucke und Zines aus ihnen gemacht haben, die sie remixt, in Anthologien aufgenommen, in Theaterstücke verwandelt und – nicht zuletzt – gelesen haben.

Den herausragenden Teilnehmer:innen der bisher sieben Kursen am Brooklyn Institute for Social Research: Femonationalism, Who is Feminism For?, What is Family Abolition?, Trans / Queer / Woman, The Dialectic of Sex, The Problem with Work, and Children's Liberation (sowie natürlich auch dem BISR, das mir erlaubt, diese Kurse zu veranstalten). Und den Revolutionär:innen, die an der Seminarreihe von der Psychosocial Foundation zum Family Problem mitarbeiten sowie an deren Schwesterzeitschrift, *Parapraxis.*

Den Revolutionär:innen, deren Schriften zur Familien-

Abschaffung mir so sehr am Herzen liegen: Michelle, Tiffany, Kathi, Jules, Kate, Helen, Katie, Alva, Sophie, Madeline, Ira und allen anderen, auch denen, die nicht mehr leben … bis hin zu den fourieristischen-feministischen Städteplaner:innen, die Dolores Hayden in ihrer Arbeit zur Küchenlosigkeit beschreibt.

Insbesondere verdankt sich dieses Buch M. E., deren Buch über die Familien-Abschaffung bald Wellen schlagen wird. Und meiner Stadt, besonders Hannah, Asa, Virgil, Lou, dem Horror-Klub, Egina, Ben, Kelly, Malina, Julia, Miranda, Will, Bea, Artie, Joseph, Sukaina, Cerise, Paul, Max und den Sterbebegleiter:innen. Meiner Diaspora und vor allem Richard, Isabel, Alyssa, Tash, Tash, the Marilyn Appreciation Society, Judy, Marcia, Scot, Jo, Emma, Mathura, Hannah, Alice, Yuan, Dave, Tom, Brittany, Katie, Fiorenza, Greg, Patrizia, Antonia, Wilson, Kyle, Lizzie, Sarah, Sarah, Calix, Milo, Elliot, Petra, Sophie, Rees, Lily, Ryan, Nic, Sarah, Anna und Mél. Blind Field, Out of the Woods und all den Lebewesen, die versuchen, sich zu befreien.

Weiterführende Literatur

Angry Workers of the World, »Insurrection and Production«, 29. August, 2016, angryworkers.org.

Barrett, Michèle und Mary McIntosh, *The Anti-Social Family*, London: Verso Books, 1991.

Beecher, Jonathan, *Charles Fourier: The Visionary and his World*, Berkeley und Los Angeles: University of California Press, 1986.

Brenner, Johanna, »Utopian Families«, *Socialist Register*, 36:133–144, 2000.

Bronski, Michael, »When Gays Wanted to Liberate Children«, *Boston Review*, Juni 8, 2018, bostonreview.net.

Butler, Judith, »Is Kinship Always Already Heterosexual?« *differences: A Journal of Feminist Cultural Studies*, 13(1): 14–44, 2002.

Capper, Beth und Arlen Austin, »Wages for Housework Means Wages against Heterosexuality: On the Archives of Black Women for Wages for Housework & Wages Due Lesbians«, *Gay & Lesbian Quarterly* 24(4): 445–466, 2018.

Care Collective, *The Care Manifesto: The Politics of Interdependence*, London: Verso, 2020.

Carter, Julian, *The Heart of Whiteness: Normal Sexuality and*

Race in America, 1880–1940. Durham, NC: Duke University Press, 2007.

Clements, Barbara, »The Utopianism of the Zhenotdel«, *Slavic Review*, 51(3): 485–496, 1992.

Cohen, Cathy, »Punks, Bulldaggers, and Welfare Queens: The Radical Potential of Queer Politics?« *GLQ* 3 (4): 437–465, 1977.

Collins, Patricia Hill, »It's All in the Family: Intersections of Gender, Race, and Nation«, *Hypatia*, 13(3): 62–82, 1998.

Conrad, Ryan (Hrsg.), *Against Equality: Queer Revolution, not Mere Inclusion*, Oakland, CA: AK Press, 2014.

Cooper, David, *The Death of the Family*, London: Penguin, 1972.

Cooper, Melinda, *Family Values: Between Neoliberalism and the New Social Conservatism*, New York: Zone Books, 2017.

Coontz, Stephanie, *The Way We Never Were: American Families and the Nostalgia Trap*, New York: Basic Books, 1992.

Cott, Nancy, *Public Vows: A History of Marriage and the Nation*, Cambridge: Harvard University Press, 2000.

Engels, Friedrich, *Der Ursprung der Familie, des Privateigenthums und des Staats* in Karl Marx und Friedrich Engels, *Werke*, Band 21, Berlin: Dietz, 1961.

Federici, Silvia und Nicole Cox, *Counter-Planning from the Kitchen*, New York: Falling Wall Press, 1975.

Firestone, Shulamith, *Frauenbefreiung und sexuelle Revolution*, übers. Gesine Strempel-Frohner, Frankfurt a.M.: Fischer, 1987.

Fortunati, Leopoldina, *The Arcane of Reproduction: Housework, Prostitution, Labor and Capital*, übers. Hilary Creek, Brooklyn: Autonomedia, 1994 [1981].

Fourier, Charles, Jonathan Beecher und Richard Bienvenu (Hrsg.), *The Utopian Vision of Charles Fourier: Selected Texts on Work, Love, and Passionate Attraction*, Boston: Beacon Press, 1971.

Franke, Katherine, *Wedlocked: The Perils of Marriage Equality*, New York: NYU Press, 2015.

García, Dora (Hrsg.), *Love with Obstacles* (Amor Rojo), Berlin: K-Verlag, 2020.

Gay Liberation Front, »Manifesto«, 1971, überarbeitet 1978, sourcebooks, fordham.edu.

Gleeson, Jules Joanne, »This Infamous Proposal«, *New Socialist*, 14. März, 2020, newsocialist.org.

Gleeson, Jules Joanne und Kate Doyle-Griffiths, »Kinderkommunismus: A Feminist Analysis of the 21st-Century Family and a Communist Proposal for Its Abolition«, *Ritual magazine / Subversion*, 2015.

Gordon, Linda, »Functions of the Family«, *WOMEN: A Journal of Liberation*, 1(2): 20–23. 1969.

Gotby, Alva, »Liberated Sex: Firestone on Love and Sexuality«, 18. April, 2018, MAI, maifeminism.com.

Gumbs, Alexis Pauline, »We Can Learn to Mother Ourselves: The Queer Survival of Black Feminism 1968–1996«, Duke University, Doktorarbeit, dukespace.lib.duke.edu, 2010.

Gumbs, Alexis Pauline, China Martens und Mai'a Williams (Hrsg.), *Revolutionary Mothering: Love on the Front Lines*, Oakland, CA: PM Press, 2016.

Hamilton, Jennifer Mae, »The Future of Housework: The Similarities and Differences Between Making Kin and Making Babies«, *Australian Feminist Studies* 34(102): 468–489, 2019.

Hardt, Michael, »Red Love«, *South Atlantic Quarterly*, 116(4): 781–796, 2017.

Hartman, Saidiya, *Wayward Lives, Beautiful Experiments: Intimate Histories of Riotous Black Girls, Troublesome Women, and Queer Radicals*, New York: Norton, 2020.

Hayden, Dolores, »Two Utopian Feminists and Their Campaigns for Kitchenless Houses«, *Signs* 4(2): 274–290, 1978.

Hayden, Dolores, *The Grand Domestic Revolution: A History of Feminist Designs for American Homes, Neighborhoods, and Cities*, Boston: MIT, 1981.

Hester, Helen, *Xenofeminism*, London: Polity, 2018.

Hester, Helen, »Promethean Labors and Domestic Realism«, e-fl ux, 25. September, 2017, e-flux.com.

Hester, Helen, Interview von Anna Engelhardt und Sasha Shestakova, »Helen Hester on Xeno-Solidarity and the Collective Struggle for Free Time«, *Strelka magazine*, Juli 2020, strelkamag.com.

Humanaesfera, »Against the (New and Old) Familism: Down with the Family!«, Übersetzung aus dem Portugiesischen, unter Pseudonym veröffentlicht, 2015, *Libcom*, libcom.org.

Hunter, Tera, *Bound in Wedlock: Slave and Free Black Marriage in the Nineteenth Century*, Cambridge: Harvard, 2017.

Hybris, Ira (Hrsg.), *Las Degeneradas Trans Acaban Con la Familia*, Madrid: Kaótica Libros, 2022.

Jaffe, Sarah, *Work Won't Love You Back: How Devotion to Our Jobs Keeps Us Exploited, Exhausted and Alone*, New York: Hurst, 2021.

King, Tiffany Lethabo, »Black ›Feminisms‹ and Pessimism: Abolishing Moynihan's Negro Family«, *Theory & Event* 21 (1): 68–87, 2018.

Kollontai, Alexandra, *Selected Writings*, übers. und hrsg. von Alix Holt, New York: W. W. Norton, 1977.

Lane-McKinley, Madeline, »The Idea of Children«, 1. August, 2018, *Blind Field Journal*, blindfieldjournal.com.

Lane-McKinley, Madeline, »Unthinking the Family in Full Surrogacy Now«, *LA Review of Books*, Juni 19, 2019. larvie wofbooks.org.

Lewis, Sophie, »Mothering against Motherhood: Doula Work, Xenohospitality and the Idea of the Momrade«, *Feminist Theory (Online First)*, 10. Januar, 2022. doi.org/10.1177/14647001211059520.

Lewis, Sophie, »The Family Lottery«, *Dissent*, Sommer 2021. dissentmagazine.org.

Lewis, Sophie, »Shulamith Firestone Wanted to Abolish Nature – We Should, Too«, *The Nation*, 14. Juli, 2021. thenation.com.

Lewis, Sophie, »Houses into Homes«, *UCHRI Foundry*, Juli 2020, uchri.org.

Lewis, Sophie, »Covid-19 Is Straining the Concept of the Family. Let's Break It«, *The Nation*, Juni 3, 2020. thenation.com.

Lewis, Sophie, *Full Surrogacy Now: Feminism Against Family*, London: Verso Books, 2019.

Lewis, Sophie, »The Satanic Death-Cult is Real«, *Commune*, 28. August, 2019, communemag.com.

Lewis, Sophie, »Do Electric Sheep Dream of Water Babies?«, *Logic* 8, 3. August, 2019, logicmag.io.

Lewis, Sophie, »Cthulhu Plays No Role for Me«, *Viewpoint Magazine*, 8. Mai, 2017. viewpointmag.com.

Lindsey, Kay, »The Black Woman as a Woman«, in Toni Cade

Bambara (Hrsg.), *The Black Woman: An Anthology*, New York: Washington Square Press, 1970.

Margree, Vicky, *Neglected or Misunderstood: The Radical Feminism of Shulamith Firestone*, London: Zero, 2018.

Masucci, Michele, Maria Lind und Joanna Warsza (Hrsg.), *Red Love: A Reader on Alexandra Kollontai*, Berlin: Sternberg Press, 2020.

McMurtry, John, »The Case for Children's Liberation«, *Interchange* 10(3): 10–28, 1979.

Mecca, Tommi Avicolli, *Smash the Church, Smash the State! The Early Years of Gay Liberation*, San Francisco: City Lights, 2009.

Meyering, Isobelle Barrett, »Liberating Children: The Australian Women's Liberation Movement and Children's Rights in the 1970 s«, *Lilith*, 19:60–75, 2013.

Mieli, Mario, *Towards a Gay Communism*, übers. Evan Calder Williams, London: Pluto, 2018.

Millett, Kate, interview with M. Blasius, »Sexual revolution and the liberation of children«, in *Loving Boys*, Semiotext(e) Special Intervention Series #2, 1980, ipce.info.

Merck, Mandy und Stella Sandford (Hrsg.), *Further Adventures of the Dialectic of Sex*, London: Palgrave Macmillan, 2010.

Nash, Jennifer, »The Political Life of Black Motherhood«, *Feminist Studies*, 44:3, 699–712, 2018.

Nash, Jennifer, »Practicing Love: Black Feminism, Love-Politics, and Post-Intersectionality«, *Meridians*, 11(2): 1–24, 2011.

Olufemi, Lola, *Experiments in Imagining Otherwise*, London: Hajar Press, 2021.

O'Brien, M. E. und Eman Abdelhadi, *Everything for Everyone: An Oral History of the New York Commune*, 2052–2072, Philadelphia: Common Notions, 2022.

O'Brien, M. E., »6 Steps to Abolish the Family«, *Commune*, 30. Dezember, 2019, communemag.com.

O'Brien, M. E., »To Abolish the Family«, *Endnotes*, vol. 5, 2020, endnotes.org.uk.

O'Brien, M. E., »Communizing Care«, *Pinko*, 15. Oktober, 2019, pinko.online.

Parker, Pat, »Revolution: It's Not Neat or Pretty or Quick«, 238–242 in Moraga und Anzaldúa (Hrsg.), *This Bridge Called My Back: Writings by Radical Women of Color*, New York: Kitchen Table / Women of Color Press, 1981.

Paternotte, David, »Tracking the demise of gay liberation ideals«, *Sexualities* 17(1/2): 121–138, 2014.

Piercy, Marge, *Woman on the Edge of Time*, London: Fawcett, 1976.

Popkin, Jeremy, »Family Ties in Revolutionary Perspective«, *Journal of Social History*, 40(4), 2007.

Porter, Cathy, *Alexandra Kollontai: A Biography*, London: Virago, 1980.

Segal, Lynne (Hrsg.), *What Is to Be Done About the Family?* Harmondsworth: Penguin, 1983.

Seymour, Richard, »Notes on a Normie Shitstorm«, *Salvage Quarterly*, 27. Januar, 2022, salvage.zone.

Sharpe, Christina, »Lose Your Kin«, *The New Inquiry*, 16. November, 2016, thenewinquiry.com.

Sherwin, Wilson und Frances Fox Piven, »The Radical Feminist Legacy of the National Welfare Rights Organization«, *WSQ* 47(3–4): 135–153, 2019.

Silverstein, Sophie, »Family abolition isn't about ending love and care. It's about extending it to everyone«, *openDemocracy*, 24. April, 2020.

Spillers, Hortense, »Mama's Baby, Papa's Maybe: An American Grammar Book«, *diacritics* 17(2):64–81, 1987.

Steinberg, M. D., »Alexandra Kollontai and the Utopian Imagination in the Russian Revolution«, *Vestnik of Saint Petersburg University, History* 62(3): 436–448, 2017.

Stone, Katie, »Reciprocal Babymaking is the Future«, *Vector*, 6. Mai, 2019, vectorbsfa.com.

TallBear, Kim, »Making Love and Relations Beyond Settler Sex and Family« in Adele Clarke und Donna Haraway (Hrsg.), *Making Kin Not Population*, Chicago: Prickly Paradigm Press, 2017.

Tillmon, Johnnie, »Welfare Is a Women's Issue«, *Ms. Magazine*, 1972, msmagazine.com.

Wark, McKenzie, »Make Kith, Not Kin!« *Public Seminar*, 24. Juni, 2016, publicseminar.org.

Wark, McKenzie, »Charles Fourier's Queer Theory«, *Verso Books Blog*, 2015, versobooks.com.

Weeks, Kathi, »Abolition of the Family: The Most Infamous Feminist Proposal«, *Feminist Theory*, Mai 2021.

Weeks, Kathi, »The Vanishing Dialectic: Shulamith Firestone and the Future of the Feminist 1970s«, *South Atlantic Quarterly* 114 (4): 735–754, 2015.

Weeks, Kathi, »Down with Love: Feminist Critique and the New Ideologies of Work«, *Women's Studies Quarterly*, 45(3 & 4): 37–58, 2017.

Weikart, Richard, »Marx, Engels, and the Abolition of the Family«, *History of European Ideas*, 18(5): 657–672, 1994.

Willis, Ellen, »The Family: Love It or Leave It«, *New Political Science* 1(4): 49–63, 1980.
Wittman, Carl, »Refugees from Amerika: A Gay Manifesto«, 1970, historyisaweapon.com.

Anmerkungen

1 Aber ich liebe doch meine Familie!

1 Tiffany Lethabo King, »Black ›Feminisms‹ and Pessimism: Abolishing Moynihan's Negro Family«, *Theory & Event* 21(1), 2018, 68–87.

2 Selbst Shulamith Firestone, die mitunter besser als alle anderen wusste, dass alles möglich ist und dass die Familie zusammen mit dem Geschlechtsunterschied beseitigt werden musste, schrieb 1970 einen Brief an ihre Schwester Laya, in dem sie ihren Widerwillen äußerte, das eigene Selbstsein aufzuheben: »Am Ende glaube ich nicht, dass die Revolution so unmittelbar bevorsteht, dass es sich lohnt, an meiner ganzen psychologischen Struktur herumzupfuschen.« Zitiert in Susan Faludi, »Death of a Revolutionary«, *The New Yorker*, 8. April, 2013, newyorker.com.

3 Anne McClintock, *Imperial Leather*, New York: Routledge, 1995, 45. Vgl. auch Patricia Hill Collins, »It's All in the Family: Intersections of Gender, Race and Nation«, *Hypatia* 13(3), 1998, 62–82. Collins erweitert McClintocks Argument für den US-amerikanischen Kontext: »Familien sollen ihre Mitglieder mit den passenden ›Familienwerten‹ sozialisieren, die zum einen die Hierarchie innerhalb der unterstellten, von der Familie symbolisierten Einheit der Interessen verstärken, und zum anderen die Fundamente vieler sozialer Hierarchien legen«, 64.

4 Mario Mieli, *Towards a Gay Communism*, übers. Evan Calder Williams. London: Pluto, 2018, 5.

5 Melinda Cooper, *Family Values: Between Neoliberalism and the New Social Conservatism*, New York: Zone Books, 2017, 1.

6 Diesbezüglich weisen Andreas Chatzidakis, Jamie Hakim, Jo Littler, Catherine Rottenberg und Lynne Segal darauf hin, dass »die neoliberale Forderung, sich nur um sich selbst und um die nächsten Verwandten zu kümmern, auch zu einer paranoiden Form der ›Sorge um die Eigenen‹ führt, die zum Sprungbrett für den neusten weltweiten Aufstieg des extrem rechten Populismus geworden ist«. The Care Collective, *The Care Manifesto: The Politics of Interdependence*, London: Verso, 2020.

7 Auch wenn Arthur mit einer / einem Sozialarbeiter:in im Vertrauen hätte sprechen können, betont Seymour, dass die staatlichen Einrichtungen, die theoretisch hätten helfen können, »tendenziell den Wünschen der Eltern nachkommen. Sie neigen dazu, Familien zusammenzuhalten. […] Der Standardansatz ist, dass Kinder für fast alle materiellen Ressourcen, Liebe und Fürsorge von dem abhängig werden sollen, was höchstens zwei Eltern je nach Familienerfahrungen, Bildungsniveau und Vergütung vom Arbeitsmarkt bereitstellen können. Das sind die Regeln. So wird Klasse weitergetragen. Und für die Kindersicherheit ist das bei weitem keine optimale Situation.« Richard Seymour, »Naming Your Laws After Dead Children«, *Patreon*, 10. Dezember, 2021, patreon.com.

8 Infolge des Aufruhrs in den sozialen Medien, der von der Ankündigung dieses Buchs ausgelöst wurde, schreibt Seymour zur Familien-Abschaffung: »Die Familien-Abschaffung ist eine Idee mit einer langen Tradition unter den sozialistischen Linken, die es verdient, diskutiert zu werden. Sie ist kein kleinbürgerliches Getue der linken Aktivist:innen. Sie ist kein albernes ›wokes‹ Luxusproblem. Sie ist keine Pose der Pseudo-Radikalen.« Richard Seymour, »Notes on a Normie Shitstorm«, *Salvage*, 27. Januar, 2022, salvage.zone.

9 Ursula K. Le Guin, »All Happy Families«, in *The Wave in the*

Mind: Talks and Essays on the Writer, the Reader, and the Imagination, Boulder: Shambhala, 2004, 33–45.

10 Michèle Barrett und Mary McIntosh, *The Anti-Social Family*, London: Verso Books, 1991, 48.

11 Emily Oster, *The Family Firm: A Data-Driven Guide to Better Decision Making in the Early School Years*, New York: Penguin, 2021, 90.

12 M. E. O'Brien behandelt die Forderung der Arbeiter:innenbewegung nach einem Familienlohn ausführlich in ihrem Essay, »To Abolish the Family« (*Endnotes*, 2020). Sie resümiert: »Diese Familienform [d. h. männlicher Brotverdiener bzw. »hausfraubasiert«] war ein großer Sieg bezüglich der Verbesserung des Lebensstandards und der Existenz von Millionen Menschen in der Arbeiterklasse sowie der Etablierung einer Grundlage für stabile lokale Organisation, nachhaltige sozialistische Bemühungen und große politische Siege. Sie war auch das Mittel, durch das die Arbeiter:innenbewegung sich vom Lumpenproletariat, Schwarzen Arbeiter:innen und Queers abgrenzte.«

13 Eine unentbehrliche Analyse des bedrohten »heiligen Kindes« in den Diskursen der Katastrophe und des Anthropozäns legt Rebekah Sheldon dar (*The Child to Come: Life After the Human Catastrophe*, Minneapolis: University of Minnesota Press, 2016). Die Cis-Sexualisierung und Rassifizierung der Körper junger Menschen durch Pädiatrie analysiert Jules Gill-Peterson (*Histories of the Transgender Child*, Minneapolis: University of Minnesota Press, 2018).

14 Sally Rooney, *Schöne Welt, wo bist du*, übers. Zoë Beck, Berlin: Claassen, 2021. Vgl. die scharfsinnige Rezension von Sarah Brouillette, »The Consolations of Heterosexual Monogamy in Sally Rooney's Beautiful World, Where Are You«, *Blind Field*, 30. September, 2021.

15 Die maßgebliche Analyse des Motivs des »Pflege-Streiks« im Horrorkino als Mittel zur Theorisierung der Hausarbeit unter

dem Kapitalismus legt Johanna Isaacson vor (*Stepford Daughters: Tools for Feminists in Contemporary Horror*, Philadelphia: Common Notions, 2022). Weitere Texte sind unter anderen Isaacsons Essay »Riot Horror« in *Theory & Event*, 2019; Dana Hellers Buch *Family Plots*, Philadelphia: University of Pennsylvania Press, 1995; der von Barry K. Grant herausgegebene Sammelband *The Dread of Difference: Gender and the Horror Film*, Austin: University of Texas Press, 1996; und Miranda Bradys Artikel »›I think the men are behind it‹: reproductive labour and the horror of second wave feminism«, *Feminist Media Studies*, 2021.

16 Tony Williams, *Hearths of Darkness*, Mississippi: University Press of Mississippi, 1996.

17 M. E. O'Brien, »6 Steps to Abolish the Family«, *Commune*, 30. Dezember, 2019, communemag.com.

18 Alexandra Kollontai, »Geschlechterbeziehung und Klassenkampf«, in Katharina Volk (Hrsg.), *Alexandra Kollontai oder: Revolution für das Leben*, Berlin: Dietz, 2022, 95–111:102–109.

19 Michael Hardt, »Red Love«, *South Atlantic Quarterly*, 116 (4), 2017, 781.

2 Welche Familie abschaffen?

1 Hortense Spillers, »Mama's Baby, Papa's Maybe: An American Grammar Book«, *diacritics* 17(2), 1987, 64–81:80.

2 King, »Abolishing Moynihan's Negro Family«, 69.

3 Ibid.

4 Alexis Pauline Gumbs, China Martens und Mai'a Williams (Hrsg.), *Revolutionary Mothering: Love on the Front Lines*, Oakland: PM Press, 2016; Carol Stack, *All Our Kin: Strategies for Survival in a Black Community*, New York: Harper and Row, 1974.

5 Jennifer Nash, »The Political Life of Black Motherhood«, *Feminist Studies* 44(3), 2018, 699–712:11. Vgl. auch das Buch, in dem

Nash sich ausführlicher mit diesem Thema auseinandersetzt: *Birthing Black Mothers*, Durham: Duke University Press, 2021.

6 Alexis Pauline Gumbs, »›We Can Learn to Mother Ourselves‹: The Queer Survival of Black Feminism«, Doktorarbeit, Duke University, 2010, 63.

7 Hazel Carby, »White Woman Listen! Black Feminism and the Boundaries of Sisterhood«, in Heidi Mirza (Hrsg.), *Black British Feminism: A Reader*, London: Routledge, 1997, 45–53:47.

8 King, »Abolishing Moynihan's Negro Family«, 86.

9 King, »Abolishing Moynihan's Negro Family«, 70.

10 Ibid.

11 Barrett und McIntosh, *The Anti-Social Family*, 42.

12 Kathi Weeks, »Abolition of the Family: The Most Infamous Feminist Proposal«, *Feminist Theory*, Mai 2021.

13 Weeks, »Abolition of the Family«, 4.

14 Paul Gilroy, »It's a Family Affair: Black Culture and the Trope of Kinship«, in *Small Acts: Thoughts on the Politics of Black Cultures*, London: Serpent's Tail, 1993, 207.

15 Gilroy, »It's a Family Affair«, 207.

16 Kay Lindsey, »The Black Woman as a Woman«, in Toni Cade Bambara (Hrsg.), *The Black Woman: An Anthology*, New York: Washington Square Press, 1970, 106.

17 Pat Parker, »Revolution: It's Not Neat or Pretty or Quick«, in Cherrie Moraga und Gloria Anzaldúa (Hrsg.), *This Bridge Called My Back: Writings by Radical Women of Color*, New York: Kitchen Table / Women of Color Press, 1981, 238–242.

18 Lola Olufemi, @lolaolufemi_, 26. Februar, 2020. twitter.com/lolaolufemi/status/1232597074295840770.

19 Annie Olaloku-Teriba, @annie_etc_, 14. November, 2021. twitter.com/annie_etc/status/1459982438856380432.

20 Fred Moten und Stefano Harney, *the undercommons: Fugitive Planning and Black Study*, Brooklyn: Autonomedia / Minor Compositions, 2013.

3 Eine kurze Geschichte des Familien-Abolitionismus

1 Gay Liberation Front: »Manifesto«, 1971, 1978 überarbeitet, sourcebooks.fordham.edu.

2 Anca Gheaus, »What Abolishing the Family Would Not Do«, *Critical Review of International Social and Political Philosophy*, 21:3, 2018, 284–300.

3 Vgl. z. B.: Anca Gheaus, »Arguments for Nonparental Care for Children«, *Social Theory & Practice* 37(3), 2011, 483–509; Véronique Munoz-Dardé, »Is the Family to Be Abolished Then?«, *Proceedings of the Aristotelian Society* 99 (1), 1999, 37–56; Sophia Harrison, »Is Justice within the Family Possible?«, *UCL Jurisprudence Rev.* 265, 2003. Viel aufschlussreicher ist der 2021 erschienene Text »Mother Wars« von der politischen Philosophin und Theoretikerin Miranda Sklaroff, der 2021 auf ihrem Blog erschien: politicaltheoryandapeony.com/2021/05/25/mother-wars.

4 Mit küchenlosen utopisch-feministischen Architekturplänen des 19. Jahrhunderts beschäftigt sich Dolores Hayden: »Two Utopian Feminists and Their Campaigns for Kitchenless Houses«, *Signs* 4(2), 1978, 274–290. Hayden befasst sich mit dem feministischen Urbanismus im Allgemeinen in *The Grand Domestic Revolution: A History of Feminist Designs for American Homes, Neighborhoods, and Cities*, Boston: MIT, 1981.

5 Dominic Pettman, »Get Thee to a Phalanstery: or, How Fourier Can Still Teach Us to Make Lemonade«, *Public Domain Review*, 2019. publicdomainreview.org. An einer Stelle in dieser wunderbaren Analyse lässt Pettman eine von Patreon abhängige Leserin (mich) etwas betroffen stutzen: »Fouriers Schreiben sponsorten jene relativ wohlhabenden Menschen, die sich für seine radikalen Theorien interessierten, ähnlich wie die heutigen links tendierenden Sponsor:innen auf Patreon oder Kickstarter.«

6 Jonathan Beecher, *Charles Fourier: The Visionary and His World*, Berkeley: University of California Press, 1986, 12.

7 Einige Werke zur fourieristischen Kommunenbewegung: Amy Hart, *Fourierist Communities of Reform: The Social Networks of Nineteenth-Century Female Reformers*, London: Palgrave Macmillan, 2021; Juan Pro, »Thinking of a Utopian Future: Fourierism in Nineteenth-Century Spain«, *Utopian Studies* 26(2), 2015, 329–348; Carl Guarneri, *The Utopian Alternative: Fourierism in Nineteenth-Century America*, Ithaca: Cornell UP, 1996; Richard Pankhurst, »Fourierism in Britain«, *International Review of Social History* 1(3), 1956, 398–432; Megan Perle Bowman, »Laboring for Global Perfection: The International Dimension of Mid-Nineteenth-Century Fourierism«, Doktorarbeit, UC Santa Barbara, 2013.

8 Wie Pettman über Fourier schreibt (»Get Thee to a Phalanstery«): »Offensichtlich lebte dieser Denker nie in einer Wohngemeinschaft, noch musste er jemals in einem Gremium sitzen, wenn er glaubte, dass ein ziemlich unerbittlich öffentliches Zusammenleben uns von allein – ganz ausnahmslos – zutiefst unerschütterlich glücklich machen würde.«

9 McKenzie Wark, »Charles Fourier's Queer Theory«, Verso Books, 2015, versobooks.com.

10 Pettman, »Get Thee to a Phalanstery«.

11 Charles Fourier, *Die Freiheit in der Liebe*, übers. Eva Moldenhauer, Hamburg: Nautilus, 2017, 56. Für weitere Auszüge aus Texten von Fourier, vgl. auch: Jonathan Beecher und Richard Bienvenu (Hrsg.), *The Utopian Vision of Charles Fourier: Selected Texts on Work, Love, and Passionate Attraction*, Boston: Beacon Press, 1971.

12 Es gibt viele exzellente historische Darstellungen, die zeigen, wie die »Siedler:innen-Sexualität« – einschließlich der queeren Siedler:innen-Sexualität – und die Familie bei indigenen und ehemals versklavten Bevölkerungen durchgesetzt wurden. Vgl. z. B. Kim TallBear, »The US-Dakota War and Failed Settler Kinship«, *Anthropology News* 57(9), 2016; Priya Kandaswamy, *Domes-*

tic Contradictions: Race and Gendered Citizenship from Reconstruction to Welfare Reform, Durham: Duke University Press, 2021; Nick Estes, *Our History is the Future: Standing Rock Versus the Dakota Access Pipeline, and the Long Tradition of Indigenous Resistance*, New York: Verso, 2019; Mark Rifkin, *When Did Indians Become Straight?: Kinship, the History of Sexuality, and Native Sovereignty*, Oxford: Oxford University Press, 2011; und Scott L. Morgensen, *Spaces between Us: Queer Settler Colonialism and Indigenous Decolonization*, Minneapolis: University of Minnesota Press, 2011.

13 Kim TallBear, »Disrupting Settlement, Sex, and Nature«, Future Imaginary Lecture Series, Montréal-Concordia, Vortrag bei Indigenous Futures archiviert, 2017, indigenousfutures.net.

14 Raymond Fogelson, »On the ›Petticoat Government‹ of the Eighteenth-Century Cherokee«, in David K. Jordan und Marc J. Swartz (Hrsg.), *Personality and the Cultural Construction of Society*, Tuscaloosa: University of Alabama Press, 1990.

15 Vgl. z. B. Mark Rifkin, *When Did the Indians Become Straight? Kinship, the History of Sexuality, and Native Sovereignty*, Oxford: Oxford University Press, 2010.

16 Lillian Faderman, *Woman: The American History of an Idea*, New Haven: Yale University Press, 2022, 43. Die Seiten 41–43 in dieser historischen Darstellung beziehen sich auf das Gesetzbuch von Handsome Lake.

17 Vgl. z. B.: Qwo-Li Driskill, Chris Finley, Brian Joseph Gilley und Scott Lauria Morgensen (Hrsg.), *Queer Indigenous Studies: Critical Interventions in Theory, Politics, and Literature*, Tucson: University of Arizona Press, 2011. Vgl. bzgl. des männlichen Stillens Elspeth Martini, »›Visiting Indians‹, Nursing Fathers, and Anglo-American Empires in the Post-War of 1812 Western Great Lakes«, *The William and Mary Quarterly* 78(3), 2021, 459–490.

18 Lou Cornum, »Desiring the Tribe«, *Pinko*, 15. Oktober, 2019, pinko.online.

19 Tera Hunter, *Bound in Wedlock: Slave and Free Black Marriage in the Nineteenth Century*, Cambridge: Harvard, 2017; Katherine Franke, *Wedlocked: The Perils of Marriage Equality*, New York: NYU, 2015; Brenda Stevenson, »Slave Family and Housing«, in Ted Ownby (Hrsg.), *Black and White*, Jackson: University of Mississippi, 1993.

20 Cathy Cohen, »Punks, Bulldaggers, and Welfare Queens: The Radical Potential of Queer Politics?«, *GLQ* 3 (4), 1977, 437–465; Gumbs, »›We Can Learn to Mother Ourselves‹«.

21 J. M. Allain, »Infanticide as Slave Resistance: Evidence from Barbados, Jamaica, and Saint-Domingue«, *Inquiries Journal / Student Pulse* 6.04, 2014.

22 M. E. O'Brien, »To Abolish the Family«, *Endnotes*, vol. 5, 2020, 375.

23 Weeks resümiert Tera Hunters Urteil über die Ehe als »zweischneidiges Schwert« (wie gerade befreite versklavte Menschen sie erlebten) wie folgt: »Einerseits bot die Ehe sicherlich ein gewisses Maß an gesetzlichem und ökonomischem Schutz. Andererseits wurde sie durch das Freedmen's Bureau verwaltet, sowohl um die Kernfamilie als grundlegende Arbeitskraft der Familienwirtschaft zu etablieren, die den Übergang vom Plantagensystem zur Halbpacht (Sharecropping) ermöglichte, als auch um die Regierung von aller künftigen Verantwortung gegenüber ehemals versklavten Menschen zu befreien. Die Ehe war eine weitere Form der Gefangenschaft in einer Beziehung, die auf Eigentumsrechten fußte.« Weeks, »Abolition of the Family«, 4; Weeks zitiert Tera Hunter, *Bound in Wedlock: Slave and Free Black Marriage in the Nineteenth Century*, Cambridge: Harvard, 2017, 222, 234, 304.

24 Vgl. bzgl. der Mann-im-Haus-Regel: Wilson Sherwin und Frances Fox Piven »The Radical Feminist Legacy of the National Welfare Rights Organization«, *WSQ* 47(3–4), 2019, 135–153.

25 Saidiya Hartman, *Aufsässige Leben, schöne Experimente. Von*

rebellischen schwarzen Mädchen, schwierigen Frauen und radikalen Queers, übers. Anna Jäger, Berlin: Claassen, 2022.

26 M. E. O'Brien, »To Abolish the Family«, 376.

27 Karl Marx und Friedrich Engels, *Werke*, Band 4, Berlin: Dietz, 1959, 481.

28 Joseph Déjacque, »The Revolutionary Question« [1948], übers. Paul Sharkey, in *Disruptive Elements: The Extremes of French Anarchism*, Creative Commons: Ardent Press, 2014.

29 Robert Owens kooperatives Experiment, »New Lanark«, schildert Barbara Taylor in *Eve and the New Jerusalem: Socialism and Feminism in the Nineteenth Century*, London: Virago Press, 1983.

30 Diese Beziehung wird beispielsweise von Avraham Yassour beleuchtet, der sich selbst als Kibbuznik beschreibt: »Communism and Utopia: Marx, Engels, and Fourier«, *Studies in Soviet Thought* 26(3), 1983, 217–227.

31 Karl Marx und Friedrich Engels, *Werke*, Band 3, Berlin: Dietz, 1969, 29.

32 Karl Marx und Friedrich Engels, *Werke*, Band 4, Berlin: Dietz, 1959, 478.

33 Karl Marx und Friedrich Engels, *Werke*, Ergänzungsband, 1. Teil, Berlin: Dietz, 1968, 537.

34 Richard Weikart, »Marx, Engels, and the Abolition of the Family«, *History of European Ideas* 18(5), 1994, 657–672:669.

35 Karl Marx und Friedrich Engels, *Werke*, Band 4, Berlin: Dietz, 1959, 478.

36 Jules Joanne Gleeson und Kate Doyle Griffiths, »Kinderkommunismus: A Feminist Analysis of the 21st-Century Family and a Communist Proposal for Its Abolition«, *Ritual magazine / Subversion*, 2015.

37 China Miéville, *A Spectre Haunting*, London: Head of Zeus, 2022.

38 Alexandra Kollontai, »Die Familie und der kommunistische Staat«, *Sowjet: kommunistische Zeitschrift* 8/9 (8.5.1920) 43–52 und 10/11 (7.8.1920) 45–50:51.

39 Hardt, »Red Love«, 792.

40 Meine Fakten sind hauptsächlich Cathy Porters Biographie entnommen: *Alexandra Kollontai: A Biography*, London: Virago, 1980.

41 Alexandra Kollontai, »Ein Weg dem geflügelten Eros! (Vierter Brief an die arbeitende Jugend)«, in Katharina Volk (Hrsg.), *Alexandra Kollontai oder: Revolution für das Leben*, Berlin: Dietz, 2022, 112–129:127.

42 Alexandra Kollontai, *Autobiographie einer sexuell emanzipierten Kommunistin* [1926], hrsg. von Iring Fetscher, München: Rogner & Bernhard, 1970, 54.

43 Im Aufsatz »Alexandra Kollontai and the Utopian Imagination in the Russian Revolution« verteidigt MD Steinberg Alexandras erotischen und emotionalen Utopismus mit folgenden beeindruckenden Worten: »Sie erforschte die Möglichkeit einer kommunistischen Gesellschaft, die es der Menschheit ermöglichen würde, über den *zapovednyi rubezh* (die verbotene Grenze) der normativen wirtschaftlichen Regeln und Notwendigkeit zu springen und eine Welt der Freiheit zu betreten.« *Vestnik of Saint Petersburg University – History* 62(3), 2017, 436–448. Der Sammelband *Red Love* wurde von Michele Masucci, Maria Lind und Joanna Warsza herausgegeben (Berlin: Sternberg Press, 2020).

44 Dora García, *Love with Obstacles* (*Amor Rojo*), Berlin: k-verlag, 2020.

45 Dora García, »Revolution, Fulfill Your Promise!«, Amant Foundation, Brooklyn, NY, 5. Februar–17. April, 2022. Zwei Filme von García wurden gezeigt: *Si Pudiera Desear Algo* (*If I Could Wish for Something*), 2021 und *Love Without Obstacles*, 2020. Beide wurden von Auguste Orts produziert. Weitere Informationen stehen auf amant.org und im Essay von Liza Featherstone über die Ausstellung, »A New Generation of Radicals Is Rediscovering Alexandra Kollontai«, *Jacobin*, 31. März, 2022, jacobinmag.com. Vgl. auch Liza Featherstone, »Eros for the People:

Alexandra Kollontai's Sex-Positive Bolshevism«, *Lux* 1, Januar 2021, lux-magazine.com.

46 Hardt, »Red Love«, 789. Hardt weist darauf hin, dass Lenins Bemerkung von Kollontais Freundin und offizieller sowjetischer Biographin Anna Itkina wiedergeben wurde und von Cathy Porter zitiert wird (*Alexandra Kollontai: The Lonely Struggle of the Woman Who Defied Lenin*, The Dial Press, 1980, 337).

47 Auf meiner persönlichen Literaturliste zu Firestone steht ganz oben Madeline Lane-McKinley, »The Dialectic of Sex, after the Post-1960 s«, *Cultural Politics* 15(3), 2019, 331–342. Madeline argumentiert, dass *The Dialectic of Sex* als Teil der Science-Fiction-Strömung gelesen werden sollte, die Piercy, Delany, Butler und Le Guin umfasst. »Leider ist *The Dialectic of Sex* als beispielhaft für den radikalfeministischen Kanon der zweiten Welle dargestellt worden, anstatt als die erste umfangreiche immanente Kritik dieses Kanons.« Unentbehrlich sind auch Victoria Margree, *Neglected or Misunderstood: The Radical Feminism of Shulamith Firestone*, London: Zero, 2018; und Kathi Weeks, »The Vanishing Dialectic: Shulamith Firestone and the Future of the Feminist 1970s«, *South Atlantic Quarterly* 114 (4), 2015, 735–754. Inzwischen habe ich auch einige tränenreich-liebevolle sowie bissige Würdigungen von Firestones Arbeit publiziert, in denen ich das zutiefst rassistische Kapitel 5 ablehne (wie auch die *weiße* Perspektive des ganzen Projekts) und Firestone als prototranssexuelle cyborgische Utopistin interpretiere: Sophie Lewis, »Shulamith Firestone Wanted to Abolish Nature – We Should, Too«, *The Nation*, 14. Juli, 2021, thenation.com; Sophie Lewis, »Low-Tech Grassroots Ectogenesis«, *brand new life*, 2. April, 2021, brand-new-life.org; und Sophie Lewis, »Disloyal Children of Shulamith Firestone: Updating Gestational Utopianism for the Twenty-First Century«, *Interference* 2, 2021. Ich unterrichte am Brooklyn Institute for Social Research einen Online-Kurs über *The Dialectic*, der allen zugänglich ist: thebrooklyninstitute.com.

48 Shulamith Firestone, *Frauenbefreiung und sexuelle Revolution*, übers. Gesine Strempel-Frohner, Frankfurt a. M.: Fischer, 1987 [1970], 231.

49 Firestone war natürlich schonungslos: »Doch das Experiment Summerhill bietet keinen »radikalen« Ansatz der Kindererziehung, sondern einen liberalen. Neill, der eher ein pädagogischer Neuerer als ein Revolutionär ist, hat für die Opfer unseres augenblicklichen Systems, deren Eltern genug Geld und liberale Ansichten besitzen, um sie dorthin zu schicken, ein kleines Refugium geschaffen.« Firestone, *Frauenbefreiung*, 235–236.

50 Firestone, *Frauenbefreiung*, 234.

51 Firestone, *Frauenbefreiung*, 260–261.

52 Zur Geschichte der ektogenetischen Phantasie und zur Möglichkeit einer BioBag-Revolution, die von Schwangeren angeführt wäre, vgl.: Sophie Lewis, »Do Electric Sheep Dream of Water Babies?«, *Logic* 8, 3. August, 2019, logicmag.io.

53 Firestone, *Frauenbefreiung*, 264.

54 Linda Gordon, »Functions of the Family«, *WOMEN: A Journal of Liberation*, 1(2), 1969, 20–23.

55 Lewis, »Shulamith Firestone Wanted to Abolish Nature«.

56 Die Anthologie *The Black Woman* (1970), die von Toni Cade herausgegeben wurde, enthielt mehrere familiengegnerische Texte (insbesondere von Audre Lorde und Kay Lindsey). Im Februar 1970 versammelten sich fünfhundert Frauen für die Women's Liberation Conference an Ruskin College, Oxford. Viele Rednerinnen brachten den Wunsch – und den feministischen Grundsatz – zum Ausdruck, dass die Kinder »sich von uns [den Eltern / Erwachsenen] befreien« sollten. Die Perspektiven im Sammelband *What Is to Be Done About the Family?* (Lynne Segal (Hrsg.) Harmondsworth: Penguin, 1983) sind in den Trümmern der frühen achtziger Jahre entstanden. Inmitten der globalen Gegenreaktion wurde Kate Millett in Bezug auf die Kinderbefreiung nur radikaler; 1984 schrieb sie, dass die Entsexualisierung die

Methode ist »mit der Erwachsene Kinder unter Kontrolle halten« (»Beyond Politics: Children and Sexuality«, in Carole Vance (Hrsg.), *Pleasure and Danger*, Boston / London: Routledge, 1984).

57 Kate Millett, *Sexus und Herrschaft: Die Tyrannei des Mannes in unserer Gesellschaft* München: Desch, 1971, 42.

58 Cheryl Clarke, »Lesbianism: An Act of Resistance«, in Cherrie Moraga und Gloria Anzaldúa (Hrsg.), *This Bridge Called My Back: Writings by Radical Women of Color*, New York: Kitchen Table / Women of Color Press, 1981, 141–151.

59 Kathi Weeks, »Abolition of the Family: The Most Infamous Feminist Proposal«, *Feminist Theory*, Mai 2021.

60 Ellen Willis, »The Family: Love It or Leave It«, *The Village Voice*, 17. September, 1979, villagevoice.com.

61 Mit »rotbraun« (im Sinne von Braunhemd) meine ich die leider nicht seltene Entwicklung bestimmter ursprünglich linker Milieus (als »dirtbag left« bezeichnet), die sich dann weit nach rechts bewegen. Beispielsweise hat die britische Philosophin und selbsternannte Provokateurin Nina Power, eine engagierte antitrans Reaktionärin, die früher als marxistische Feministin galt, 2022 einen Text bei Compact veröffentlicht, einer Plattform, die dem Antiliberalismus gewidmet ist. (Der Antiliberalismus ist auch als »dritter Weg« oder als Links-Rechts-Konservatismus bzw. roter und brauner Konservatismus bekannt). Der Text erschien unter dem Titel »Why We Need the Patriarchy« (»Warum wir das Patriarchat brauchen«) und skizziert das propatriarchale Argument, das Power in ihrem Buch *What Do Men Want?: Masculinity and Its Discontents* (Allen Lane, 2022) vorbringt.

62 Lynne Segal (Hrsg.), *What is to be done about the Family? – Crisis in the Eighties*, Harmondsworth: Penguin Books / Socialist Society, 1983.

63 Barrett und McIntosh, *The Anti-Social Family*, 80.

64 Barrett und McIntosh, *The Anti-Social Family*, 171.

65 Zwei prominente Beispiele für diese Kehrtwende: »Die Bewe-

gung will die amerikanische Familie nicht zerstören« (Gloria Steinem); »Feminist:innen haben nicht versucht, ›die Familie zu zerstören‹. Wir haben uns nur gedacht, dass die Familie eine so gute Idee war, dass die Männer vielleicht auch daran teilnehmen möchten« (Barbara Ehrenreich).

66 Zur Kritik der Positionierung von »Hass« als Feind der Menschheit (anhand einer Beschreibung meiner eigenen Online-Mobbing-Erfahrung durch Abtreibungsgegner:innen), vgl. Sophie Lewis, »Hello to My Haters: Tucker Carlson's Mob and Me«, *Dissent*, 2020, dissentmagazine.org. Eine große Bandbreite an katholischen Populist:innen und Menschen, die Richard Seymour »normie socialists« (Normalosozialist:innen) nennt, reagierte auf die Formulierung »family abolition« oder auf mein Buch *Full Surrogacy Now: Feminism Against Family* – bzw. zumindest auf dessen Titel – mit echtem Hass und so sollte es auch sein. Eine Handvoll Beispiele: Mary Harrington, »Return of the Cyborgs«, *First Things*, 11. Januar, 2022; Angela Nagle, »Products of Gestational Labor«, *The Lamp*, 2020; Michael McCaffrey, »The woke left are demonizing parents and want to abolish the family: It's the intellectual equivalent of a toddler's tantrum«, *RT*, 2020; Kimberly Ellis, »Family love is the foundation of civilization«, *MercatorNet*, 2021; und Freddie De Boer, »Wanting to Convince People to Support You is Not ›Popularism‹«, freddiedeboer.substack.com, 29. Dezember, 2021.

67 Mit wechselndem Erfolg (aber immerhin oft mit Erfolg) untersuchte Firestone aus der Perspektive ihres radikalfeministischen Marxismus die Materialität hinter dem scheinbar psychologischen Cliché, dass »Frauen für die Liebe und Männer für die Arbeit leben«. Wie Kathi Weeks anmerkt, hat dieser Spruch im 21. Jahrhundert eine neue Gestalt angenommen, und zwar in der Maxime, die besagt, dass wir jetzt alle unsere Arbeit lieben oder sogar in die Arbeit verliebt sein müssen. Die revolutionären Anti-Work-Traditionen im Feminismus und die damit verbun-

denen Haltungen für und gegen die Liebe besprechen Jennifer C. Nash (»Practicing Love: Black Feminism, Love-Politics, and Post-Intersectionality«, *Meridians* 11 (2), 2011, 1–24) und Kathi Weeks, »Down with Love: Feminist Critique and the New Ideologies of Work«, *Women's Studies Quarterly*, 45(3 & 4), 2017, 37–58.

68 Firestone, *Frauenbefreiung*, 100.

69 Faludi, »Death of a Revolutionary«.

70 Das erzählte mir Lori Hiris. Für ihre Bereitschaft, sich mit mir zu streiten und am Telefon ausführlich über das spätere Leben von Firestone zu reden, bin ich Hiris sehr dankbar.

71 Shulamith Firestone, *Airless Spaces*, Los Angeles: *Semiotext(e)*, 1998.

72 Einige der vielen Würdigungen sammelte Dayna Tortorici für *n+1*: »In Memoriam: On Shulamith Firestone«, n+1, Winter 2013, nplusonemag.com.

73 Adrienne Rich, *Of Woman Born: Motherhood as Experience and Institution*, New York: Norton, 1986. Die kanadische Expertin für den »matrizentrischen Feminismus«, Andrea O'Reilly, argumentiert (z. B. im von ihr herausgegebenen Sammelband *From Motherhood to Mothering: The Legacy of Adrienne Rich's Of Woman Born*, New York: SUNY Press, 2004), dass das Prinzip »mothering against motherhood« das grundlegende politische Vermächtnis von Rich war. Ich habe versucht, eine transfeministische Erweiterung dieser Dialektik im Sinne der Familien-Abschaffung zu entwickeln. Vgl. Sophie Lewis, »Mothering against motherhood: doula work, xenohospitality and the idea of the momrade«, *Feminist Theory (Online First)*, 10. Januar, 2022. doi.org/10.1177/14647001211059520. Eine frühere Version des Essays erschien 2020 in *Salvage Quarterly*.

74 Audre Lorde, »Auge in Auge: Schwarze Frauen, Hass und Wut«, in *Sister Outsider: Essays*, Hanser: München, 2021, 173.

75 Michael Bronski, »When Gays Wanted to Liberate Children«, *Boston Review*, Juni 8, 2018, bostonreview.net.

76 Die verschiedenen Strömungen der Schwulenbefreiung, einschließlich der materiellen oder klassenbezogenen Voraussetzungen für den queeren Aufstand, die Geschichte des radikal feministischen männlichen schwulen »Effeminismus« und die Ursachen der allgemeinen Ent-Effeminisierung der Schwulenbewegung, werden z. B. von Emily Hobson besprochen (*Lavender and Red:Liberation and Solidarity in the Gay and Lesbian Left*, Berkeley: University of California Press, 2016) sowie von Sherry Wolf, *Sexuality and Socialism: History, Politics, and Theory of LGBT Liberation*, London: Haymarket, 2009; Alan Sears, »Queer Anti-Capitalism: What's Left of Lesbian and Gay Liberation?«, *Science & Society*, 69(1), 2005, 92–112; John D'Emilio »Capitalism and Gay Identity«, in *Culture, Society and Sexuality*, London: Routledge, (1983 [2006]); David Paternotte, »Tracking the Demise of Gay Liberation Ideals«, *Sexualities* 17(1/2), 2014, 121–138; und Jeffrey Edwards, »AIDS, Race, and the Rise and Decline of a Militant Oppositional Lesbian and Gay Politics in the US«, *New Political Science*, 22:4, 2000, 485–506.

77 Diese Geschichte wird im Film *Screaming Queens: The Riot at Compton's Cafeteria* (2005; reg. Victor Silverman und Susan Stryker) erzählt; vgl. auch Susan Stryker, *Transgender History*, New York: Seal Press, 2008.

78 Die Geschichte des STAR House schildert Stephan Cohen, *The Gay Liberation Youth Movement in New York: »An Army of Lovers Cannot Fail«*, New York: Routledge, 2007; vgl. auch »Sylvia Rivera« im Zagria-Archiv (A Gender Variance Who's Who), zagria.blogspot.com; die Webseite von Reina Gossett, reinagossett.com; das von Untorelli Press herausgegebene Zine, *Street Transvestite Action Revolutionaries: Survival, Revolt, And Queer Antagonist Struggle*, 2013; und Leslie Feinberg, »Street Transvestite Action Revolutionaries«, *Workers World*, 2006, workers.org.

79 Carl Wittman, »Refugees from Amerika: A Gay Manifesto«, 1970, historyisaweapon.com.

80 Diese Bündnisse werden von Abram Lewis ausführlicher dargestellt: »›We Are Certain of Our Own Insanity‹: Antipsychiatry and the Gay Liberation Movement, 1968–1980«, *Journal of the History of Sexuality* 25(1), 2016, 83–113.

81 Zitiert in: Jacques Girard, *Le mouvement homosexuel en France 1945–1980*, Paris: Syros, 1981. Zum Familien-Abolitionismus von FHAR empfehle ich außerdem *F. H. A. R.*, einen kurzen Dokumentarfilm von Carole Roussopoulos (1971).

82 Gay Liberation Front, »Manifesto«, 1971, 1978 revidiert, source books.fordham.edu.

83 Die Liste der zehn Forderungen beginnt so: »Der Boston GLF fordert, dass folgende Prinzipien ins Programm der Demokratischen Partei 1972 aufgenommen werden.« Die Liste wird am Ende des Essays von Michael Bronski, »When Gays Wanted to Liberate Children«, wiedergegeben.

84 Zum Thema Kinderbefreiung vgl. auch Shulamith Firestone, *The Dialectic of Sex*; Joan Chatfield-Taylor, »A Child's View of Kids' Lib«, *San Francisco Chronicle*, 23. November, 1976; David Gottlieb (Hrsg.), *Children's Liberation*, Englewood Cliffs: Prentice Hall, 1973; Richard Farson, *Birthrights*, New York: Macmillan, 1974; Beatrice Gross und Ronald Gross (Hrsg.), *The Children's Rights Movement: Overcoming the Oppression of Young People*, New York: Anchor Books, 1977; John McMurtry, »The Case for Children's Liberation«, *Interchange* 10(3), 1979, 10–28; Kate Millett und M. Blasius, »Sexual revolution and the liberation of children«, in *Loving Boys*, Semiotext(e) Special Intervention Series #2, 1980, ipce.info; Daniel Tsang (ed.), *The Age Taboo: Gay Male Sexuality, Power and Consent*, Boston / London: Alyson / Gay Men's Press, 1981; Isobelle Barrett Meyering, »Liberating Children: The Australian Women's Liberation Movement and Children's Rights in the 1970 s«, *Lilith* 19, 2013, 60–75.

85 Alexis Pauline Gumbs schreibt eindrucksvoll über die Bedeutung dieses Statements und dessen Nachhall in »m / other our-

selves: A Black queer feminist genealogy for radical mothering«, in Gumbs, Williams und Martens (Hrsg.), *Revolutionary Mothering*, sowie auch in ihrer Doktorarbeit, »›We Can Learn To Mother Ourselves‹«.

86 Informationen über ein Kinderbetreuungskollektiv in meiner Nähe sind auf folgender Webseite zu finden: Philly Childcare Collective, phillychildcarecollective.com. Ein heutiges Netzwerk, das auf das Vermächtnis der Kinderbetreuungskollektiven für Männer in der Epoche der Gay Power und der Frauenemanzipation zurückgreift, befindet sich hier: The Intergalactic Conspiracy of Childcare Collectives (ICCC), intergalactic-childcare.weebly.com.

87 Einige Quellen zur »Löhne-für-Hausarbeit«-Bewegung: Selma James, *Sex, Race and Class: The Perspective of Winning*, Oakland: PM Press, 2012; Mariarosa Dalla Costa, *Family, Welfare, and the State: Between Progressivism and the New Deal*, Philadelphia: Common Notions, 2021 [1983]; Louise Toupin, *Wages for Housework: A History of an International Feminist Movement, 1972–77*, London: Pluto Press, 2018; Silvia Federici und Arlen Austin (Hrsg.), *Wages for Housework: The New York Committee 1972–1977: History, Theory, Documents*, Oakland: PM Press, 2017.

88 Silvia Federici, *Revolution at Point Zero: Housework, Reproduction, and Feminist Struggle*, Oakland: PM Press, 2012, 3.

89 Silvia Federici, *Wages Against Housework*, London / Bristol: Power of Women Collective und Falling Wall Press, 1975.

90 Wilson Sherwin und Frances Fox Piven besprechen die NWRO und deren historische Entwicklung: »The Radical Feminist Legacy of the National Welfare Rights Organization«, *WSQ* 47(3–4), 2019, 135–153. Vgl. auch Holloway Sparks, »When Dissident Citizens Are Militant Mamas: Intersectional Gender and Agonistic Struggle in Welfare Rights Activism«, *Politics and Gender* 12(4), 2016, 623–647; Mary Triece, *Tell It Like It Is: Women in*

the National Welfare Rights Movement, Columbia: University of South Carolina, 2013; Premilla Nadasen, *Rethinking the Welfare Rights Movement*, New York: Routledge, 2011; Felicia Kornbluh, *The Battle for Welfare Rights: Politics and Poverty in Modern America*, Philadelphia: University of Pennsylvania, 2007; Annelise Orleck, *Storming Caesar's Palace: How Black Mothers Fought Their Own War on Poverty*, Boston: Beacon Press, 2006; Premilla Nadasen, *Welfare Warriors: The Welfare Rights Movement in the United States*, New York: Routledge, 2005; Guida West, »Women in the Welfare Rights Movement: Reform or Revolution?«, in *Women and Revolution: Global Expressions*, Hrsg. Marie Diamond, Dordrecht: Springer, 1998, 91–108.

91 King, »Abolishing Moynihan's Negro Family«, 77.

92 Johnnie Tillmon, »Welfare is a Women's Issue«, *Ms.*, Frühling 1972, msmagazine.com.

93 Sherwin und Piven, »The Radical Feminist Legacy of the National Welfare Rights Organization«.

94 Der verunsicherte und gegen den eigenen Willen ehrfurchtsvolle NYT-Reporter beschrieb das Benehmen der »Wohlfahrts-Emanzen« Mrs. Odessa Singleton, Mrs. Irene Gibbs und Mrs. Rose Thomas als »Kombination aus Schulmädchen auf einem Ausflug und altgedienter Guerilla-Einheit mitten im Feindeslager«. Richard Rogin, »Now It's Welfare Lib«, *The New York Times*, 27. September, 1970, 31, nytimes.com.

95 Kornbluh, *The Battle for Welfare Rights*, 1.

96 Beulah Sanders, »Speech to NCC, Houston, Dec 1972«. Der Vortrag ist in den Guida West Papers an Smith College archiviert (Box 11, Folder 1) und wird von Colleen Wessel-McCoy zitiert: »›If we fail in our struggle, Christianity will have failed‹: Beulah Sanders, Welfare Rights, and the Church«, Kairos Center, 2019, kairoscenter.org.

97 »Politics Theory Other« mit Alex Doherty, besonders die Episoden #35 (»Full Surrogacy Now«) und #102 (»What Covid-19

reveals about the family«). Online unter: soundcloud.com/pol theoryother oder patreon.com/poltheoryother.

98 Daniel Denvir, »Abolish the Family with Sophie Lewis«, *The Dig*, 11. Juli, 2019, thedigradio.com.

99 Kim Brooks, »Parenting in Utopia«, *The Cut*, 11. Januar, 2022, thecut.com; Katie Tobin, »Why Young People Are Turning to Platonic Marriages: Abolishing the Family«, *Huck*, 13. Januar, 2022, huckmag.com; Marie Solis, »We Can't Have a Feminist Future Without Abolishing the Family«, *Vice*, 20. Februar, 2020, vice.com; Jessica Weisberg, »Can Surrogacy Remake the World?«, *The New Yorker*, 11. Dezember, 2019, newyorker.com; David Brooks, »The Nuclear Family Was a Mistake«, *The Atlantic*, 15. März, 2020, theatlantic.com. Madeline Lane-McKinley ist ein Beispiel für eine kommunistische Feministin, die in einer literarischen Zeitschrift für ein breites Publikum über Familien-Abschaffung schreibt (vgl. Madeline Lane-McKinley »Unthinking the Family«, *LA Review of Books*, 10. Juni, 2019, lareviewofbooks.org).

100 Leser:innen, die verstehen möchten, was dieses entstehende Feld mit sich bringt, sollten mit den Texten von Jules Joanne Gleeson beginnen (z.B. bei *Hypocrite Reader* und *Blind Field Journal*) oder diese drei hervorragenden Anthologien lesen: Kay Gabriel und Andrea Abi-Karam (Hrsg.), *We Want It All: An Anthology of Radical Trans Poetics*, Brooklyn: Nightboat Books, 2020; Jules Gleeson und Elle O'Rourke (Hrsg.), *Transgender Marxism*, London: Pluto Press, 2021; und Ira Hybris (Hrsg.), *Las Degeneradas Trans Acaban Con la Familia*, Madrid: Kaótica Libros, 2022.

101 Gleeson und Griffiths, »Kinderkommunismus«.

102 King, »Abolishing Moynihan's Negro Family«.

103 Sophie Lewis, »The Family Lottery«, *Dissent*, Summer 2021, dissentmagazine.org; Sophie Lewis, »Low-Tech Grassroots Ectogenesis«, *brand new life*, 2. April, 2021, brand-new-life.org; Sophie Lewis, »Houses Into Homes«, *UCHRI Foundry*, Juli 2020, uchri.

org; Sophie Lewis, »Mothering Against the World: Momrades Against Motherhood«, *Salvage*, 18. September, 2020, salvage.zone; Sophie Lewis, »Covid-19 Is Straining the Concept of the Family. Let's Break It«, *The Nation*, 3. Juni, 2020, thenation.com; Sophie Lewis, »The Satanic Death-Cult is Real«, *Commune*, 28. August, 2019.

104 Vgl. Gleesons Beitrag zum »Full Surrogacy Now Minisymposium« auf dem Verso-Blog, 4. Juni 2019, versobooks.com.

105 Katie Stone, »Strange Children: Childhood, Utopianism, Science Fiction«, Doktorarbeit, Birkbeck, University of London, 2021. Vgl. auch Katie Stones Essay über Vampire und Familien-Abschaffung, »Hungry for Utopia: An Antiwork Reading of Bram Stoker's Dracula«, *Utopian Studies*, 32 (2), 2021, 296–310.

106 Alva Gotby, »They Call it Love: Wages for Housework and Emotional Reproduction«, Doktorarbeit, University of West London, 2019 (repository.uwl.ac.uk); Alva Gotby, »Liberated Sex: Firestone on Love and Sexuality«, *MAI*, 18. April, 2018, maifeminism.com.

107 Sophie Silverstein, »Family Abolition Isn't about Ending Love and Care. It's About Extending It to Everyone«, *openDemocracy*, 24. April, 2020, opendemocracy.net.

108 Zoe Belinsky, »Gender and Family Abolition as an Expansive and not Reductive Process«, *Medium*, 11. September, 2019, medium.com.

109 Alyson Escalante, »The Family is Dead, Long Live the Family«, *Cosmonaut*, 11. März, 2020.

110 »Abolish the Family!«, Red May 2020, mit Kathi Weeks, Sarah Jaffe, M. E. O'Brien, Will McKeithen und Sophie Lewis, youtube.com. Das Festival findet jährlich in Seattle statt.

111 Weeks, »Abolition of the Family«.

112 »What is Family Abolition« mit Sophie Lewis, The Brooklyn Institute for Social Research, thebrooklyninstitute.com.

113 M. E. O'Brien und Eman Abdelhadi, *Everything for Everyone:*

An Oral History of the New York Commune, 2052–2072, Philadelphia: Common Notions, 2022.

114 M. E. O'Brien, »Communizing Care«, *Pinko*, 15. Oktober, 2019, pinko.online.

4 Genoss:innen gegen die Verwandtschaft

1 Barrett und McIntosh, *The Anti-Social Family*, 158.

2 Michael Venutolo-Mantovani, »These Adults Moved Back In with Their Parents During the Pandemic. But Did They Regret It?« *The Guardian*, 10. Oktober, 2021. theguardian.com.

3 Die Bezeichnung »Camp JTD« wurde vorübergehend adoptiert, dem verstorbenen Genossen James Talib-Dean Campbell zu Ehren, der das dortige revolutionäre Arbeiter:innenkollektiv (Workers Revolutionary Collective) mitgründete.

4 Jennifer Bennetch, eine treibende Kraft gegen Zwangsräumungen, eine hervorragende Abolitionistin und Geißel der Wohnungsbehörde von Philadelphia, wurde 2022 von COVID-19 ihres Lebens beraubt, als sie nur sechsunddreißig war. Eine Zeitleiste der Zeltlager, die Bennetch während der Aufstände 2020 mitorganisierte, steht in der Anthologie Christopher R. Rogers, Fajr Muhammad und Paul Robeson House & Museum (Hrsg.), *How We Stay Free: Notes on a Black Uprising*, Philadelphia: Common Notions, 2022.

5 Camp Maroon war der Prozess, der die Bemerkung hervorrief, »Was macht ein Haus zu einem Zuhause? Leider erst die Revolution.« Sophie Lewis, »Houses into Homes«, *UCHRI Foundry*, Juli 2020, uchri.org.

6 Das Zeltlager der obdachlosen Menschen in Philadelphia wird in folgenden Texten ausführlicher besprochen: It's Going Down, »Squatting, Rebellion, Movement: An Interview With Philadelphia Housing Action«, 2021, itsgoingdown.org; Madison Gray,

»How The Philly #HousingNow Encampment Movement Prompts Us to Reimagine A Right to Contract«, 2020, lpeproject.org; Chris Gelardi, »A Movement for Housing Justice Is Camped Out on Philly Streets«, *The Nation*, 2020, thenation.com

7 M. E. O'Brien, »Six Steps to Abolish the Family«, *Commune*, 30. Dezember, 2019, communemag.com.

8 Der koordinierte christlich-nationalistische Angriff auf trans Kinder und Abtreibungsrechte im Frühling 2022 in den ganzen USA bespricht Jules Gill-Peterson, »We, the Abuser State«, *Sad Brown Girl* (substack), 23. Februar, 2022, sadbrowngirl.substack.com; vgl. auch Melissa Gira Grant, »The Law Alone Can't Halt the Christian Right's Crusade Against Abortion and LGBTQ Rights«, *The New Republic*, 6. April, 2022, newrepublic.com.

9 Ruth Wilson Gilmore, »Abolition Feminism«, in Brenna Bhandar und Rafeef Ziadah (Hrsg.), *Revolutionary Feminisms: Conversations on Collection Action and Radical Thought*, London: Verso, 2020, 161–178.

10 Ruth Wilson Gilmore, *Change Everything: Racial Capitalism and the Case for Abolition*, London: Haymarket, 2022.

11 Was die Behauptung »Unsere Haushaltshilfe ist Teil der Familie« angeht, werden sich Leser:innen vielleicht für meinen Essay interessieren, in dem ich über Löhne für Hausarbeit, mörderische Kindermädchen, Aschenputtel / Pamela-Geschichten und die Darstellung der kommodifizierten Hausarbeit in einigen neueren Bestseller-Romanen und -Memoiren – *Women's Work* (Megan K. Stack), *The Perfect Nanny* (Leïla Slimani) und *Maid* (Stephanie Land) – sowie über die Netflix-Mini-Serie *Maid* (Molly Smith Metzler) schreibe. Eine Version dieses Texts habe ich unter dem Titel »They Say It is Love« im März 2022 als Teil einer Seminarreihe vom Centre for the Study of Contemporary Women's Writing an der University of London vorgetragen; der Vortrag ist auf dem »School of AdvancedStudy«-Channel bei YouTube zu sehen: »›WHO CARES‹ In Contemporary Women's

Writing & Film, Session 1: Care, (Geo)politics, and the Social«, youtube.com. Sophie Lewis, »How Domestic Labor Robs Women of Their Love«, *Boston Review*, 28. Oktober, 2021, bostonreview.net.

12 Donna Haraway, *Modest_Witness@Second_Millennium. Female Man_Meets_OncoMouse: Feminism and Technoscience*, New York: Routledge, 1997, 265.

13 *Full Surrogacy Now* wird in einer Rezension von Jenny Turner mit *Making Kin Not Population* von Adele Clarke und Donna Haraway konfrontiert: »Nothing Natural«, *The London Review of Books*, 42(2), 23. Januar, 2020, lrb.co.uk. In ihrer Rezension bespricht Turner meinen Essay über Haraways Buch *Staying with the Trouble: Making Kin in the Chthulucene* (2017), in dem ich Haraways Verrat an ihrem früher geschriebenen Cyborg-Manifest beklage. Vgl. Sophie Lewis, »Cthulhu plays no role for me«, *Viewpoint*, 8. Mai, 2017, viewpointmag.com.

14 Barrett und McIntosh, *The Anti-Social Family*, 159.

15 McKenzie Wark, »Make Kith, Not Kin!«, *Public Seminar*, 24. Juni, 2016, publicseminar.org.

16 Patricia Hill Collins, »It's All In the Family: Intersections of Gender, Race and Nation«, *Hypatia* 13(3), 1998, 62–82:77.

17 Willis, »The Family: Love It or Leave It«.

18 Cornum, »Desiring the Tribe«.

19 Weeks, »Abolition of the Family«.

20 Lola Olufemi, *Experiments in Imagining Otherwise*, London: Hajar Press, 2021, 137.

21 Olufemi, *Experiments in Imagining Otherwise*, 138.

Eva von Redecker
Revolution für das Leben
Philosophie der neuen Protestformen

Protestbewegungen wie Black Lives Matter, Fridays for Future und NiUnaMenos kämpfen derzeit weltweit gegen Rassismus, Klimakatastrophe und Gewalt gegen Frauen. So unterschiedlich sie scheinen mögen, verfolgen diese Widerstandskräfte ein gemeinsames Ziel: die Rettung von Leben. Eva von Redecker, die als Philosophin zu Fragen der Kritischen Theorie forscht und auf einem Biohof aufgewachsen ist, schreibt von der einsetzenden Revolution für das Leben, die unseren Tätigkeiten eine neue, solidarische Form bietet: Wir könnten pflegen statt beherrschen, regenerieren statt erschöpfen, teilhaben statt verwerten.

320 Seiten, gebunden

Weitere Informationen finden Sie auf
www.fischerverlage.de

AZ 10-397048/1